# 야쿠트어
# Саха тыла

한국외국어대학교 러시아연구소
인문한국(HK)연구사업단 학술연구총서 3

강 덕 수 지음

HUFS BOOKS

이 책을 러시아 연방 사하공화국(야쿠티야)의 친구들에게 바칩니다.

# 서론

2008년 봄 야쿠트어 공부를 시작하였다. 오래 미루어 온 숙제였다. 사하 공화국에 첫 발을 디딘 1994년으로부터 14년의 세월이 지났다. 그 동안 사하-한국학교와 동북연방대학교(구 야쿠츠크국립대학교) 한국어과를 발전시키는데 신경을 쓰느라 다른 여유가 없었다. 마침 포스코 청암재단의 지원을 받아 연구년을 야쿠츠크에서 알뜰하게 보낼 수 있었다.

2008년 3월 초 야쿠츠크에 도착하자마자 야쿠트어 교육의 권위자인 콜로데즈니코프(Stefan Kolodeznikov) 교수를 만났다. 일주일에 세 번씩 6월 말까지 야쿠트어를 배웠다. 문법 개념과 어순이 한국어와 비슷한 점이 많아 쉽게 이해되었다. 다만 새로운 어휘를 암기하는 게 쉽지 않았다. 야쿠트어 공부를 좀 더 일찍 서두르지 않은 게 후회되는 대목이다. 그래도 이제 야쿠트어에 관한 문법서를 내게 되어 다행이다. 본 문법서를 쓰면서 가장 많이 의존한 것은 1982년 출간된 학술원 판 “현대 야쿠트어 문법”(Korkina 외 4인 공저)이다. 이외 Ubrjatova, Slepcov 교수가 지은 작은 책들을 참고하였다.

2010년 6월 29일 새벽 야쿠츠크 공항에서 일본 학자를 우연히 만났다. 일본 동경외대 연구원이라고 자기를 소개하였다. 그는 러시아어는 할 줄 모른다고 하였다. 대신 야쿠트인들과 야쿠트어로 소통하였다. 시베리아 민족, 시베리아 언어와 더 밀접한 관계에 있는 우리로서는 뒤통수를 맞은 느낌이었다. 바로 이것이 일본의 저력인가? 우리도 이제 눈앞에 필요한 것만 찾기보다 멀리 보고 가야 하겠다.

아직 부족한 점이 많다. 그래서 출판이 두렵다. 두렵다고 미룬다면 그 또한 떳떳하지 못할 것 같다. 이제는 그 동안의 수고에 대해 평가를 받아야 할 때가 되었다는 생각이다. 이것은 미답의 지역 시베리아에 뿌리를 내리고 사는 소수민족의 언어에 대한 첫 번째 시도이기 때문이다. 한국어 계통론 연구가 활성화되기 위해서는 시베리아 지역의 소수민족 언어들에 대한 연구가 축적되어야 한다. 이 책이 한국어와 시베리아 소수민족 언어가 소통하는 길이 될 수 있다면 학문적으로 어떤 비판도 수용할 수 있다. 이 책이 한국어 기원을 연구하는 계통론 학자들에게 시베리아로 통하는 길이 되기를 바라는 마음이다. 더 나아가 잃어버린 우리말의 기원을 찾는 노력의 계기가 될 수 있기 바란다.

야쿠트어 공부를 이끌어주신 콜로데즈니코프(Stefan Kolodeznikov) 교수, 한국어와 야쿠트어 비교 연구를 함께 하기로 한 레빈(Gerasim Levin) 교수에게 감사드린다. 야쿠츠크에서 생활하는 동안 많은 도움을 주신 야쿠츠크 국립농과대학교 블라디미로프(Leonid Vladimirov) 총장의 깊은 우정에 감사드린다. 가장 가까이에서 관심과 배려로 외지의 어려움을 덜어준 친구 니콜라예프(Anatolij Nikolaev) 씨에게 깊은 감사를 드린다. 지난 17년간 한국과 사하의 관계 발전에 버팀목이 되어 주시고 항상 큰 도움을 주신 미하일로바(Evgenija Mikhajlova) 동북연방대학교 총장께 가장 큰 감사를 드린다. 미하일로바 총장은 지난 16년간 교육감, 교육부장관, 부총리, 부통령을 거치면서 사하 공화국에서 한국 문화를 전파하고, 한국과의 관계를 증진시키는 역할을 변함없이 지켜 주셨다.

마지막으로 2008년 연구년 동안 야쿠트어 공부를 가능하도록 지원해 주신 포스코 청암재단에 감사드린다. 그리고 원고 정리와 편집을 맡아 수고해 준 변군혁 박사와 구지현 선생에게 감사드린다. 또한 이 책을 꼼꼼히 읽고 많은 오류를 지적해 준 동북연방대학교 한국어과 비카(Viktoria Starostina) 선생에게도 감사드린다. 이 책을 출판해 주신 한국외국어대학교 출판부 그리고 이번 여름 마지막 정리를 할 수 있도록 지원해 주신 한국외국어대학교 러시아연구소에 감사드린다.

2011년 2월
강 덕 수

# 개관 • 사하 민족과 언어

## 1. 사하와 야쿠트의 어원

"사하"(sakha)의 어원에 대한 설에는 여러 가지가 있지만, 일반적으로 인정된 정설은 없다. 그래도 가장 신빙성이 있어 보이는 견해는 "사하"라는 어휘를 만주와 연관시킨 것이다. 시도로프(E. Sidorov) 교수는 "사하"를 만주, 중앙아시아, 극동, 남 시베리아의 종족들과 연결시킨다. 그 근거로 고대에 "사하"라는 이름을 가진 부족이 레나 강 중류 지역과 남 야쿠티야까지 진출했다는 것이다. 또한 시프체프(A.K. Sivcev) 교수는 "사하"를 "회색"이라는 의미를 가진 퉁구스어 어휘 "sakha", "sake"와 연관짓는다. 부랴트 학자 돈두코프(U. Dondukov)는 퉁구스 - 만주어에 '볕에 말린'이라는 의미의 "saka"와 '사냥'이라는 의미의 "sakha"라는 어휘가 있다고 한다. 포포프(G.V. Popov)에 의하면, 종족 이름 "sakha"의 일반적 의미가 '변방', '지방'이라고 하였다.

"야쿠트"(jakut)라는 이름에 대해서는 코스트로프(N.A. Kostrov)가 차용설을 주장하였다. 퉁구스 인들은 야쿠트 인을 "에코"(eko)라고 불렀다고 한다. 이 어휘에서 "에코트", "야쿠트"가 유래했다는 것이다. 그 뒤 쿨라콥스키(A.E. Kulakovskij)는 이 주장을 더욱 발전시켰다. 처음 러시아 인들은 남부 퉁구스 인들이 "에코"라고 부르는 것을 들었다. 그러나 러시아어에서는 어두의 "에"(/e/)는 발음상 회피의 대상이다. 러시아 카자크 인들은 "에"를 "야"(ja)로 바꾸었다. 그래서 "jako"라는 이름이 생겼다. 여기에 접미사 "-ut"가 붙었다. 이 접미사는 "ale-ut, tele-ut, lam-ut"와 같이 시베리아의 민족 이름에서 나타난다.

야쿠트어에는 "우랑카이"라는 이름이 있다. 이것은 "용감한 무사"라는 뜻으로 자신들을 가리킨다. 우랑카이라는 이름은 야쿠트 인들 뿐만 아니라 투르크

족의 일파인 투바 인에게서도 나타난다. 크세노폰토프(G.V. Ksenofontov)에 의하면, 고대에 만주에는 순록치기 퉁구스 민족인 우랑카이들이 살고 있었다고 한다. 뒤에 이들이 야쿠트 우랑카이의 기층 민족이 되었다. "우랑카이"라는 이름은 퉁구스 어에서 순록을 의미하는 "오론(oron)"에서 유래하였다.(V. Pesterev, 2000, Stranicy istorii Jakutii, 28-29) 그런데 "우랑카이"는 우리가 만주에서 살던 변방인들을 가리켜 부르던 '오랑캐'라는 어휘와 연관시켜 볼 수 있다. 우리는 과거에 만주 변방인들을 비하하여 '오랑캐'라고 불렀지만, 이것은 변방인들이 스스로를 자랑스럽게 부르던 보통명사이었다고 추측된다. 이런 점에서 사하 공화국의 야쿠트 인들은 과거 어느 시점에 우리와 이웃해 살았을 것으로 짐작된다.

## 2. 사하 민족

사하 민족은 보통 "야쿠트인"이라고 불린다. 이 이름은 아마도 러시아 인과 접촉이 이루어진 17세기 이후에 생긴 것으로 추정된다. 그 이전에 이미 "사하" 민족이 존재하였다. 그래서 야쿠트 인들은 자신들의 공식적인 민족 명칭을 "사하"라고 한다.

사하공화국에서 발간된 아틀라스인 "야쿠티야"(2007:164)에서는 야쿠트 인을 킵착 인과 연결시키고 있다. 그 근거는 종족 이름 "사카"(saka)이다. 그들과 공통의 기원을 갖는 투르크 인종 이름에 "사하"(sakha), "사킈"(saky), "사카르"(sakar), "사호오"(saxoo), "사할릭"(sakhalyk), "삭타르"(saktar)가 있으며, 이것들은 고대 이란 족인 "사카"(saka)에서 유래한다는 것이다.

1990년대에 역사학자 알렉세예프(A.N. Alekseev)는 야쿠트 민족의 형성에 토착민의 참여가 있고 문화적으로 범아시아적 요소들이 발견된다고 하였다. 그런데 이 토착민이 누구였으며, 범아시아적 요소는 무엇인가에 대한 의문을 제기하지 않을 수 없다.

인문지리서 "야쿠티야"(171-173)에 의하면, 야쿠트 인의 전설상의 조상은 오모고이-바이와 엘레이-보오투르이다. 오모고이의 막내딸과 결혼한 엘레이는 호수 "사이사르"*주변에 정착하였다. 전설에서 엘레이는 종교적 스승이며 문화

* 야쿠츠크 시내 서쪽에 위치한 꽤 큰 호수

적 지도자로 묘사된다. 그는 최초의 도예공이며, 대장장이이며, 금속공예가였다. 그는 야쿠트인의 생활 방식에 일대 혁신을 일으켰다. 쿠므스(마유주) 도구를 고안하고, 가죽으로 만드는 전통 가옥 유르타를 세웠다. 이런 점에서 엘레이는 남 시베리아에서 온 사람으로서 투르크어를 사용하는 킵착 인을 조상으로 하는 야쿠트 인이다.

오모고이의 후손들은 베르호얀스크 지역의 야쿠트인이다. 애초에는 야쿠츠크 북쪽 지역에서 살던 사람들로서 그들은 가축을 사육하고 대화에서 "아-발음"을 하였다. "아-발음" 방언은 야쿠트화된 몽골 인들 사이에서 형성된 것으로 간주된다. 야쿠츠크의 남쪽 지역에 살던 사람들은 "오-발음"을 한다. 그것은 주변의 퉁구스어 사용 주민의 영향이었을 것으로 보인다.

대체로 야쿠트 인에 대한 몽골 인들의 영향은 인종, 언어, 문화에서 그 흔적을 찾게 된다. 이런 것에는 겨울에 건초를 준비하는 풍습, 정착형 가축 사육 방법, 얼음 밑에서 고기잡는 방법, 겨울용 유르타 건축 방식, 일부 친척 관계 용어, 검은 샤만과 관련된 용어 등이 있다.

이러한 점을 종합해 보면, 야쿠트 인은 레나 강을 중심으로 시베리아에 거주하던 정착민과 남쪽에서 이주해 온 부족이 융합되어 형성된 새로운 민족일 가능성이 높다. 그 이전에 시베리아에 거주하던 민족은 만주 - 퉁구스 계통의 민족들일 것이다. 이러한 민족으로 에벤, 에벤키, 오로치, 나나이 족들이 있다. 여기에 비 알타이 어계로 범아시아어족(paleoasiatic)에 속하는 유카기르, 사모예드, 코략 같은 종족이 있다.

"야쿠티야"(166-171)에 의하면, 14 - 18 세기 야쿠티야의 중부 지역에 투르크족과 유사한 문화를 가진 "쿠리칸" 족이 있었다. 이들은 본래 바이칼 호 부근에 정착했던 투르크어 사용 민족으로 "굴리간"(guligan) 또는 "쿠리칸"(kurykan)으로 불렸다. 쿠리칸 족은 소, 양, 낙타, 특히 말을 사육하였다. 야쿠트 인들이 자신들의 민족 상징으로 삼는 말은 우리나라 제주도에서 볼 수 있는 조랑말과 닮았다. 제주도 조랑말은 고려 시대 몽골에서 가져온 것들이다.

언어학적으로 야쿠트어는 투르크어에 속한다. 투르크어는 대개 시베리아 남부와 중앙아시아 서부 지역에 퍼져 있다. 야쿠트어는 유일하게 북쪽으로 진출한 투르크어이다. 이런 점에서 야쿠트 인을 남부에서 온 투르크어 사용 민족의 후손으로 가정할 수 있다. 징기스칸 당시 몽골에는 상당히 많은 투르크어 민족이 살고 있었다. 징기스칸의 아버지를 살해한 부족도 투르크 족이었다. 징기스칸의 몽골 통일 과정에서 일부 투르크 족은 북쪽으로 도망쳐 나왔을 가능성을 생각해 볼 수 있다. 이들은 말을 탄 무사들로서 레나 강 유역의 정착민들을 쉽게 정복할 수 있었을 것이다. 이들은 정복민족으로서 언어와 문화를 남겼다. 그러나 새로운 이주민의 지배를 원하지 않은 정착민들은 변방으로 쫓겨 날 수밖에 없었다. 이들 중 대표적인 민족이 에벤키와 에벤족이라고 가정할 수 있다.

에벤키와 에벤족은 지금도 사하 공화국의 변방에 거주한다. 사하 공화국의 북동부 지역, 북극해 지역, 그리고 서북부 지역의 툰드라 지대에서 주로 순록을 치며 산다. 또한 중국 흑룡강 성 일대에도 상당한 수의 에벤, 에벤키 족이 살고 있다.

사하 공화국의 지명 중에는 에벤키어 명칭이 많이 남아 있다. 예를 들어, 남서부의 순타르 주는 원래 에벤키 땅이었다고 한다. 지금은 주로 야쿠트 인들이 살고 있다. 이 지역에 살던 에벤키 족들은 정복민에게 복속되어 새로운 민족 "야쿠트 인"의 기층민족이 되었다고 볼 수 있다.

사하 공화국에는 서북부 툰드라 지역에 "돌간 족"이 살고 있다. 이들의 언어는 "돌간어"라고 한다. 돌간어는 야쿠트어와 아주 유사하다. 그러나 이들은 민족적으로 야쿠트 인에게 우호적이지 않다. 돌간 족은 언어만 받아들이고 인종적으로는 야쿠트화 되기를 거부한 소수 시베리아 민족으로 보인다.

"야쿠티야"(2007:173)에서도 야쿠트 인들이 부랴트 인과 공통점을 상당히 가지고 있으며, 몽골 계통의 초원 유전자와 에벤키 유전자를 반씩 가지고 있다고 하였다. 초원의 유전자로는 훈 족, 위구르 족, 쿠리칸 족을 들 수 있다. 야쿠트 인과 유사한 민족으로 시베리아 남부의 투바 인을 들 수 있다.

레나 강 유역에서 퉁구스 문화를 가진 기층 민족과 오모고이의 후손으로 알려진 투르크어 사용 민족이 만났다. 투르크어 사용 민족은 소수의 "킵착화"된 인종 그룹으로 신 "아이으으"를 숭배하고, 축제 "으스아흐"를 기념하고, "사하"라는 인종 이름을 가졌다.

16세기에 이르러 이 두 그룹은 점진적으로 융합되면서 단일 민족을 형성하게 되었다. 야쿠트 문화에서 퉁구스 족의 영향은 샤만 의식, 올롱호*형태와 의복에서 상당히 크게 나타난다. 사하 민족의 형성은 16세기에 완성된다.

---

* 야쿠트 인들의 구전 서사시로 우리의 판소리와 비슷하다.

## 3. 야쿠트어

야쿠트어는 투르크어 중 가장 오래된 언어이다. O.N. 베틀링은 이 언어가 "공통 원시 투르크어"(Common Pro-Turkic language)에서 제일 처음 분리된 것으로 본다.(Jakutija 2007:448) 이것은 상당히 타당성이 있는 주장이다. 몽골 초원지대에 살던 투르크 족 일파가 징기스칸 시대에 북쪽으로 이주하면서 공통 투르크어로부터 이탈하게 되었다. 이후 이 언어는 투르크어들과 격리된 상태에서 퉁구스 - 만주어들과 접촉을 갖게 되었다. 야쿠트어에 킵착 어휘가 유입된 것은 주로 어휘부이다. 문화적으로 장례, 종교 의식, 장식 예술, 장식품, 인종 명칭이 유입되었다. 야쿠트 문화에서 이러한 진화는 15 세기 이전에 일어난 것으로 보인다.

야쿠트어는 훈 제국 시대에 발생한 투르크 어족의 위구르 - 오그드 그룹의 동부 훈족 지파에 속한다. 1992년 4월 사하공화국(야쿠티야) 헌법에 야쿠트어의 명칭은 sakha로 규정되었다. 이 언어를 사용하는 야쿠트 인들은 러시아 연방의 야쿠티야, 크라스노야르스크 주 북부, 마가단 주, 이르쿠츠크 주, 아무르 주 및 하바롭스크 주에 살고 있다. 사하어는 야쿠티야 주민의 92.8%가 모국어로 간주한다. 실제로 에벤키, 에벤, 유카기르, 러시아 이주민(약 25,000명) 등 야쿠티야 북부의 모든 민족들도 야쿠트어를 사용한다.

"야쿠티야"(2007:453)에 의하면, 현대 야쿠트어는 특히 발음과 어휘 면에서 다른 투르크 친족어들과 확연히 구분된다.

예: 공통투르크 al - 야쿠트 yl 가져가다

| | |
|---|---|
| karɓa | kyraa 열심히 일하다 |
| aj | yj 월, 달 |
| at | yt 쏘다 |
| jol | suol 길 |
| jyl | syl 해, 년 |

(그러나 야쿠트어로 byjyl '금년'은 bu '이'와 jyl '해'의 합성어이다).

야쿠트인들과 그 조상들은 수천 년 동안 만날 수 있는 모든 민족들과 접촉을 하였다. 그 결과 언어에도 다른 언어에 기원을 가진 어휘들이 다수 들어왔으며, 일정 부분은 분명히 고대에 차용된 것들이다. 고대 시대에는 아랍, 페르시아, 중국, 산스크리트, 티베트, 사모예드 등 비 알타이어계의 동양 언어들로부터의 차용이 있었다.

야쿠트어에는 2000개 이상의 몽골 어휘가 포함되어 있지만 체계적으로 일치하는 것은 아니다. 몽골 어휘들은 야쿠트 어휘에 개별적으로 포함되었다. 이러한 어휘들은 13세기 이후에 들어왔다. 야쿠트 인들은 오랫동안 에벤키와 에벤족과 접촉하며 살았다. 그러나 공통 야쿠트어에서 퉁구스 - 만주 어휘의 차용은 30개 이하이다.

bolbukta 삼나무 관목
dьuukta, duuktэ 샘
kukaaky 어치새
kuta 소택지
labykta 땅의 이끼, 순록 이끼
maamykta 말과 순록을 잡기 위한 긴 밧줄, 올가미
oнolo 꿩 류의 새

("야쿠티야" 2007:453)

반면에 야쿠트어 방언에는 퉁구스 - 만주어의 차용어휘가 250 - 300개 정도 있다. 이것들 대부분은 순록 목축이나 사냥과 관련된 것들이다.

최근 400여 년간 야쿠트어는 러시아어와 긴밀한 관계 속에서 발전해 왔다.

이에 따라 많은 차용어가 러시아어에서 들어오고, 동시에 러시아어를 통해 국제적 어휘들이 들어왔다.

한국어의 기원론적 관점에서 야쿠트어를 비롯한 투르크어에서 한국어의 기원에 관한 실마리를 찾기는 아직 어렵다. 수사, 신체 부위, 계절, 하루, 천체, 기후 명칭 등 기본 어휘군에 관한 자료들에서 일치되는 비율이 너무 낮아 어휘통계 이론에 의해 알타이 조어의 존재를 증명하기가 어렵다. 지금까지 제시된 어휘들도 음성적, 의미적 근거가 의심스러운 점이 많다. 알타이 어 상호간의 관계

를 밝혀줄  재구 작업은 아직도 지속되고 있다. 그 가운데 스타로스틴(S. A. Starostin)은 다음과 같은 재구의 예를 제시한 바 있다.

*xal 오다, 가다
투르크 gel, 한국 *ka, 일본 *ke;
pörü 불, 활활 타다
투르크 *ört, 몽골 *förde, 한국 *pɨr, 일본 *pe,
*kilu 머리카락
투르크 kɨl, 몽골 *kilga-sun, 퉁구스 - 만주 *xun'-n'a,
한국 kar(h), 일본 *kaj, ;
*karr 위, 몸, 갈비
투르크 *karɨn, 한국 *kari, 일본 xara
("야쿠티야" 2007:451)

야쿠트어는 한국어와 어휘적으로 유사성의 관계를 찾기 어렵지만, 어휘 형성과 파생 방식, 문장에서의 어순 구조 그리고 문법 구조에서는 한국어와의 유사성을 상당히 많이 찾을 수 있다. 더구나 야쿠트어는 터키어, 카자흐어와 같은 남쪽 지역의 투르크어들과는 달리 북쪽 지역에 고립되어 투르크어족의 고어적 특성을 상당히 유지한 것으로 보인다. 이런 점에서 야쿠트어와의 비교 연구에 천착한다면, 한국어와의 언어구조적 유사성을 체계화하여 알타이어족 내에서 한국어의 언어적 위치를 재조정할 수 있는 근거를 마련할 수도 있을 것이다.

# 목차

# 1 음성적 특성

야쿠트어 알파벳

| 대문자 | 소문자 | 발음기호 | 대문자 | 소문자 | 발음기호 |
|---|---|---|---|---|---|
| А | а | a | П | п | p |
| Б | б | b | Р | р | r |
| В | в | v | С | с | s |
| Г | г | g | Һ | һ | h |
| Ҕ | ҕ | ɣ | Т | т | t |
| Д | д | d | У | у | u |
| Дь | дь | ʒ | Ү | ү | ü |
| Е | е | je | Ф | ф | f |
| Ё | ё | jo | Х | х | ʠ |
| Ж | ж | ž | Ц | ц | c |
| З | з | z | Ч | ч | č |
| И | и | i | Ш | ш | š |
| Й | й | j | Щ | щ | šč |
| К | к | k | Ъ | ъ | ə |
| Л | л | l | Ы | ы | ɨ |
| М | м | m | Ь | ь | |
| Ҥ | ҥ | ŋ | Э | э | e |
| Нь | нь | ń | Ю | ю | ju |
| О | о | o | Я | я | ja |
| Ө | ө | ö | | | |

* 알파벳 е, ё, ф, ц, ч, ш, щ, ъ, ь, ю, я는 주로 러시아어 차용어휘에만 사용된다.

** 알파벳 ь는 발음은 되지 않고 표기로만 사용된다.

# 1. 음성적 특성

## 모음

### 1. 모음 음소

야쿠트어의 모음 음소 체계는 단모음 8개, 장모음 8개, 이중모음 4개 모두 20개의 음소로 구성되어 있다.

| | |
|---|---|
| 단모음 | и, ү, ы, у, э, ө, а, о |
| 장모음 | ии, үү, ыы, уу, ээ, өө, аа, оо |
| 이중모음 | иэ, үө, ыа, уо |

✿ 야쿠트어 모음의 발음 비교

| и | ү | ы | у | э | ө | а | о | иэ | үө | ыа | уо |
|---|---|---|---|---|---|---|---|---|---|---|---|
| 이 | 위 | 으 | 우 | 에 | 외 | 아 | 오 | 예 | 웨 | 와 | 워 |

야쿠트어 모음체계에는 장단, 전후, 개폐, 원순에 의한 음성적 대립이 있다.

❶ 단모음 - 장모음

ү - үү : күрт 그러모으다 - күүрт 팽팽하게 하다
[ü] [üü] [kürt] [küürt]

у - уу : кур 벨트 - куур 마르다
[u] [uu] [kur] [kuur]

ы - ыы : кыл 머리카락 - кыыл 짐승
[ɨ] [ɨɨ] [kɨl] [kɨɨl]

э - ээ : кэс 도보로 가다 - кээс 남겨두다
[e] [ee] [kes] [kees]

ө - өө : көх 몰두 - көөх (의성어)
[ö] [öö] [köx] [kööx]

о - оо : хой 불가사의한 - хоой 품
[o] [oo] [ɋoj] [ɋooj]

а - аа : сас 숨다 - саас 봄
[a] [a] [sas] [saas]

### ❷ 전설모음 - 후설모음

и - ы : сил 침 - сыл 년
[sil] [sɨl]

ии - ыы : биис 종족 - быыс 커텐
[biis] [bɨɨs]

Y - у : тYс 내려가다 - тус 똑바로, 반대로
[tüs] [tus]

YY - уу : кYYс 힘 - куус 안다
[küüs] [kuus]

э - а : тэс 뚫다 - тас 운반하다
[tes] [tas]

ээ - аа : бээс 거친 옥양목 - баас 상처
[bees] [baas]

ө - о : өл 죽다 - ол 저
[öl] [ol]

өө - оо : Чөөчө (이름) - Чоочо (이름)
[čööčö] [čoočo]

### ❸ 닫힌모음 - 열린모음

и - э : ким 누구 - кэм 시간
[kim] [kem]

ии - ээ : киис 흑담비 - кээс 남겨두다
[kiis] [kees]

Y - ө : кYhYн 가을 - көhYн 나타나다
[kühün] [köhün]

ы - а : тыс 짐승의 발 - тас 운반하다
[tɨs] [tas]

ыы - аа : сыыл 기다 - саал 말갈기
[sɨɨl] [saal]

у - о : сур 회색 - сор 슬픔
[sur] [sor]

уу - оо : нуур 졸음 - ноор 취장
[nuur] [noor]

❹ 비원순모음 - 원순모음

и - ү : бит 특징 - бүт 끝내다
[bit] [büt]

ии - үү : биир 하나 - бүүр 절단하다
[biir] [büür]

э - ө : кэт 입히다 - көт 날다
[ket] [köt]

ээ - өө : кээдьэй 경사지다 - көөдьөй 키가 크고 뚱뚱하다
[keeʒej] [kööʒöj]

ы - у : ык 짜 내다 - ук 삽입하다
[ɨk] [uk]

ыы - уу : тыыр 가늘게 만들다 - туур 뽑다
[tɨɨr] [tuur]

аҥ - о : таҥ 실에 꿰다 - тоҥ 언
[taŋ] [toŋ]

аа - оо : хаай 닫다 - хоой 품
[ɢaaj] [ɢooj]

## 2. 접미사

어간과 접미사의 결합에 모음조화 규칙이 엄격하게 적용된다. 이 때 접미사로 이용되는 모음은 기능적 동일성에 따라 5 그룹으로 분류된다.

1) 닫힌 단모음: и - ы - ү - у [i, ɨ, ü, u]
2) 닫힌 장모음: ии - ыы - үү - уу
3) 열린 단모음: э - а - ө - о [e, a, ö, o]
4) 열린 장모음: ээ - аа - өө - оо
5) 이중모음: иэ - ыа - үө - уо [ie, ɨa, üö, uo]

✿ 모음 분류

| | | 전설 | 중앙 | 후설-전진 | 후설 |
|---|---|---|---|---|---|
| 고모음 | 닫힌 | ии ҮҮ<br>и Ү | ыы<br>ы | у | уу |
| | 열린 | | | | |
| 중모음 | 닫힌 | | | | |
| | 열린 | э ээ<br>ө өө | | о | оо |
| 저모음 | 닫힌 | | | | |
| | 열린 | | | а | аа |

## 3. 모음 조화

야쿠트어에서 모음조화는 철저하게 지켜지며, 이것은 구개음성과 원순음성에 따라 이루어진다.

### ❶ 구개음성 조화

앞 모음이 전설모음이면, 뒤 모음도 전설모음이 된다. 앞 모음이 후설모음이면 뒤 모음도 후설모음이 된다.

### ❷ 원순음성 조화

이웃한 음절 내에서는 원순음성 자질에 따라 조화가 이루어진다.

1 앞 음절의 모음이 о, оо, 또는 ө, өө이면, 뒤 음절에서는 원순모음 о, оо, уо 또는 ө, өө, Үө가 온다.

2 앞 음절의 모음이 у, уу, уо 또는 Ү, ҮҮ, Үө이면, 다음 음절에서는 (a) 모음 у, уу, уо, 또는 Ү, ҮҮ, Үө, (b) 모음 а, аа, 또는 э, ээ가 각각 올 수 있다.

3 비 원순모음 뒤에는 원순모음이 올 수 없다.
즉, (a) 첫 음절에 구강모음이 있으면, 다음 음절에서는 원순모음의 이용이 배제된다.
(b) 첫 음절이 원순모음인 경우 그 뒤 둘째 음절에 구강모음이 나타났다면 (즉 у, уу, уо 뒤에 а, аа, 또는 Ү, ҮҮ, Үө 뒤에 э, ээ), 그 다음 음절들에서는 원순모음의 이용이 배제된다.

### ❸ 모음조화 규칙

모음 배열의 중심은 어근의 모음이다. 어근 모음의 특성에 따라 그 뒤에 오는 접미사들의 모음이 결정된다.

| 어근 | 그 뒤의 모음 |
|---|---|
| а, аа | а, аа, ы, ыы, ыа |
| э, ээ | э, ээ, и, ии, иэ |
| о, оо | о, оо, у, уу, уо |
| ө, өө | ө, өө, Ү, ҮҮ, Үө |
| ы, ыы | ы, ыы, а, аа, ыа |
| и, ии | и, ии, э, ээ, иэ |
| у, уу | у, уу, а, аа, уо |
| Ү, ҮҮ | Ү, ҮҮ, э, ээ, Үө |

## 자음

### 1. 자음 음소

야쿠트어에는 20개의 자음 음소 б, г, ҕ, д, дь, й, ј, к, л, м, н, нь, ҥ, п, р, с, һ, т, х, ч가 있다.

✿ 야쿠트어 자음의 발음 비교

| 자음 | б | г | ҕ | д | дь | й | ј | к | л | м | н | нь | ҥ | п | р | с | һ | т | х | ч |
|---|---|---|---|---|---|---|---|---|---|---|---|---|---|---|---|---|---|---|---|---|
| 발음 | b | g | ɤ | d | ʒ | j | ј | k | l | m | n | ń | ŋ | p | r | s | h | t | ɋ | č |

✿ 자음 분류

| | | 양순 | 전설 | 중설 | 후설 | 구개수 | 인두 |
|---|---|---|---|---|---|---|---|
| 폐쇄 | 파열 | б п | д т | | г к | х | |
| | 파찰 | | | дь ч | | | |
| | 공명 | м | н | нь | ҥ | | |
| 지속 | 마찰 | | с | | | ҕ | h |
| | 공명 | | | й ј | | | |
| | 혀옆 | | л | | | | |
| | 떨음 | | р | | | | |

## 2. 유-무성 대립

야쿠트어에서 자음들의 유-무성 대립은 다음과 같다.

п[p] - б[b]
т[t] - д[d]
ч[č] - дь[ʒ]
к[k] - г[g]
х[ɋ] - ҕ[ɣ]
с[s] - h[h]

## 3. 특수 자음의 특성

### ❶ 자음 x[ɋ]와 자음 ҕ[ɣ]

자음 x[ɋ]는 구개수음, 무성자음이고, 자음 ҕ[ɣ]는 구개수음, 유성자음이다. 자음 x는 파열음으로서 폐쇄음인 반면, 자음 ҕ는 마찰음으로서 지속음이다.

자음 x는 모음 사이에서 폐쇄성이 완화되거나 마찰음적 조음을 할 수 있다. 야쿠트어의 x는 구개수음으로서 파찰음화된 폐쇄음 [ɋ$^{x}$]로 발음되어 러시아어의 후설 마찰음 x[x]와는 구분된다. S. V.야스트렘스키(Jastremskij)에 따르면, x는 어말에서 파열적 마찰음으로 조음되고, 어중에서 파찰음으로 조음되는 경향이 있다고 한다.(Korkina 1982: 63)

❷ 자음 c(h)와 h

[1] 자음 c(h)는 전설, 무성자음으로 마찰음이다.
원래 자음 h는 어두에서 무성자음으로, 모음 사이에서는 유성자음으로 발음되었다. 모음 사이에서 자음 c(/s/)가 h로 전환되는 변화는 1917년부터 인정되었다.(Korkina 1982:59) 반면에 자음 h의 독립성은 오랫동안 인정되지 않았다.

[2] 인두음 h는 야쿠트어 음성체계에서 '새로운' 발음이다. 이것은 일부 경우를 예외로 하고, c(/s/)의 **임의적** 이음으로 나타나기 시작하였다. 어두에서 c가 h로 전환되는 현상은 구어에서 광범위하게 나타났다. 그러나 문어에서는 c가 여전히 규범이었다. 어간 말에서 c가 h로 전환되는 환경은 모음으로 시작되는 접미사 앞 위치였다.

c(/s/) → h / V___V

자음으로 시작되는 접미사 앞에서는 그대로 c(/s/)가 유지되었다.

ac + aa > ahaa 먹다
▶ 비교: ac + лaa > acтaa 요리하다
кыыc + ы > кыыhы 여자애를(대격)
▶ 비교: кыыc + ҕa > кыыcкa 여자애에게

이로써 h는 c(/s/)의 **위치적** 이음으로 인정받게 되었다.

[3] 이와 함께 인두음 h의 빈도수가 증가하게 되었다. 이것은 h가 독립 음소로서의 지위를 갖게 되는 계기를 만들어 주었다.

(1) 어두에서 h는 일부 감탄사와 동사 어간에서 자신의 위치를 확보하게 되었다.

haй 소 모는 소리 : haйдaa- 소를 몰다
haт 말 모는 소리 : haттaa- 말을 몰다

(2) 많은 수의 어간에서 c(/s/)가 h로 전환되는 현상은 더 이상 일어나지 않게

되었다. 현대 야쿠트어 음운체계에서 h는 독립적 음소로 인정받게 되었다. 2음절, 3음절 이상 다음절어 어간에서 h는 어중에서 나타나고, 전설자음 c와 전환되는 현상도 더 이상 나타나지 않게 되었다.

ahaax[ahaaɋ] 축축한
ahaҕac[ahaɣas] 열린
ahылык[ahɨlɨk] 음식

4 인두음 h가 음소의 지위를 얻는 것은 새로운 음소 체계가 완성되는 과정을 보여준다. 이것은 순수 자음의 유-무성 대립을 완성하고자 하는 언어 내적 요구에 의한 결과이다.
인두음 h의 출현으로 마찰음 c(/s/)는 비로소 유-무성 짝을 갖게 되었다.

### ❸ 자음 й(/j/)와 비음 /ʝ/

1 자음 й는 마찰공명음이다. й의 조음시 혀는 옆니를 압착하며, 혀등은 센입천장 부위에 닿아 중간에 약간의 공간을 만든다. 혀끝은 아랫니 부분을 민다. 공명음 й는 다른 공명음들에 비해 모음에 가장 가깝다. 그러나 음운적으로는 자음적 기능을 수행한다.

(1) 야쿠트어 음절구조는 CV를 기본으로 한다. 따라서 어말에 й를 가진 단어가 접미사를 가질 때 자음 й는 접미사의 어두 모음의 초성이 된다.

ай- 창조하다
ай + аачча > а + йааччы 창조하는
ай + ыы > а + йыы 창조

(2) 자음 й로 끝나는 어간에 접미사가 결합할 때 이 접미사는 이형태를 갖는다. 예를 들어, 3인칭 단수에서 모음으로 끝나는 어간에는 인칭접미사 **-та (-тэ, -то, -тө)**가 붙는다. 그러나 -й로 끝나는 어간에는 자음으로 끝나는 어간에서처럼 이형태 **-а(-э, -о, -ө)**가 붙는다.

таай + а > таайа 그의 아저씨
өй + а > өйа 그의 지혜

▶ 비교: аат + а > аата 그의 이름
　　　　ийэ + тэ > ийэтэ 그의 어머니

(3) 자음으로 시작되는 접미사가 -й로 끝나는 어간에 결합할 때에는 **매개모음**이 삽입된다.

сирэй + (и)м > сирэийм 나의 얼굴
орой + (у)м > оройум 나의 정수리

[2] 비음 /ʝ/은 마찰공명음이다. 비음 /ʝ/의 조음시 여린입천장 부분이 내려와 공기를 코 속으로 흘러나가게 한다. 비음 /ʝ/은 주로 모음 사이에서 나타난다. 어말에서도 드물게 나타난다. 야쿠트어에 /ʝ/을 가진 어간은 약 40개가 있다.

айах /aʝax/ 입, 입구
айыы /aʝɨ̈ɨ̈/ 죄, 허물
ийэ /iʝe/ 어머니
кийиит /kiʝiit/ 약혼녀, 며느리
куйа /kuʝa/ 아주 작은
көөй /kööʝ/ 발효하다
эй /eʝ/ [감탄사] '거절의 표시'

비음 /ʝ/은 자음 й와 **대립** 관계에 있는 독립적인 음소이다. 그러나 현대 야쿠트어에서 비음 /ʝ/은 개별적인 알파벳을 가지고 있지 않다.

# 2 명사

# 2. 명사

명사의 구성은 보통 1, 2, 3, 4 음절 단어가 많다. 이 단어들에 파생 접미사를 이용하여 파생 명사를 만들 수 있다. 또한 명사와 명사를 합쳐 만들어지는 합성명사들이 있다.

야쿠트어 명사는 성에 따른 구분이 없다. 대신 **수**와 **격**이 있다. 단수와 복수는 단수형에 복수 접미사 {-лар}를 붙여 구분된다. 야쿠트어에서 격의 구분은 다분히 러시아어적 문법 개념에 의해 만들어진 것으로 볼 수 있다. 격 어미는 오히려 한국어의 조사의 개념으로 보는 것이 더 타당하다. 격 형태에는 단순형과 소유형이 있다. 각 형태에 8개의 격이 인정된다.

## 구성

### 1. 비 파생 어간 명사

#### ❶ 음절 구성

야쿠트어 명사들은 보통 1. 2. 3. 4 음절로 구성된다. 야쿠트어의 어원적 관계에 관한 라들로프(V.V. Radlov)의 견해에 따르면 1음절 명사들은 투르크어에서 기원한 단어들이 대부분이지만, 2음절 이상의 어휘들에서는 몽골어 기원의 비중이 높다.(Korkina 1982: 110)

1음절 명사: сир 땅, от 풀, уу 물, аат 이름, таас 돌
саа 무기, быа 밧줄, 끈
уол 아들, 사내아이, суол 길

2음절 명사: аҕа 아버지, ийэ 어머니, киhи 사람, таба 순록, сылгы 말
саарба 흑담비, сыhыы 숲속 풀밭, ойуур 숲, халлаан 하늘
былыт 구름, тымныы 추위, суорҕан 모포, солуур 주전자
сирэй 얼굴
3음절 명사: дабархай 숯, ньургуhун 수선화, бэргэhэ 털모자,
балаҕан 유르타(천막가옥), эмээхсин 노파
оҕонньор 노인, олоҥхо 올롱호(서사시)
4음절 명사: үрүмэччи 나비, кымырдаҕас 개미, хараҥаччы 제비

다음절 명사들은 현대 야쿠트어에서 주로 러시아어 차용어휘에서 많이 나타난다.

бэспиэhинньик 촛대(← подсвечник)
курупчаакы 최고급 밀가루(← крупчатка)
көстүрүүҥкэ 작은 남비(← кастрюлька)
кырасаабысса 미녀(← красавица)
күлүүhүнньүк 작은 열쇠(← ключник)
курупааскы 자고새(← куропаптка)

## ❷ 명사의 기능적 확대 사용

비 파생명사들 중에는 동사나 형용사 등 다른 품사의 기능을 가진 명사들이 상당히 많다. 명사로서 동사뿐만 아니라 형용사의 역할을 하는 예들도 있다.

тыын 호흡, 숨 쉬다
санаа 생각, 생각하다
тот 포만, 배불리 먹다
тоҥ 언, 동토, 얼다
саат 수치, 부끄러워하다
көс 유목, 유목민, 유목의, 유목하다

동일한 명사 어근으로부터 접미사에 의해 동사 능동태와 수동태가 형성된다.

| | |
|---|---|
| көт-үр- 부수다, 분해하다 | көт-үл-үн- 분해되다 |
| кыт-ар- 참가시키다, 가입시키다 | кыт-ын- 참가하다, 가입하다 |
| ох-тор- 넘어뜨리다 | оҕ-ун- 넘어지다 |

명사, 형용사, 부사의 기능을 동시에 수행하는 어근도 많이 있다.

тымныы 추위, 추운, 춥다

алҕас 실수, 실수의, 실수로
үтүө 선, 착한
чугас 근접, 가까운, 가까이
элбэх 다수, 많은
сөрүүн 시원함, 시원한

명사 의미가 소유 형태의 어미(밑줄 부분)에 의해 구분되는 경우들이 있다.

уһун 길이, 긴 : мас уһуна 나무의 길이
үтүө 선, 착한 : эн үтүөҥ 너의 착함
суон 뚱뚱함, 뚱뚱한 : мин суонум 나의 뚱뚱함

## 2. 파생 명사와 접미사

### ❶ 접미사 -һыт(-сыт, -чыт, -дьыт, -ньыт)

사람이나 행위자를 가리키는 접미사이다. 이 접미사는 직업, 취미, 재주, 숙련을 가진 사람을 가리키는데 쓰인다.

булт 사냥감 : булчут 사냥꾼
балык 물고기 : балыксыт 어부
ыанньык 젖소 : ыанньыксыт 젖 짜는 여자
от 풀 : отчут 풀 베는 사람
отон 딸기 : отонньут 딸기 따는 사람
айан 길, 여행 : айанньыт 여행자
олоҥхо 올롱호(서사시) : олоҥхоһут 서사시 낭송자
ырыа 노래 : ырыаһыт 가수
үҥкүү 춤 : үҥкүүһүт 무용수
уу 물 : ууһут 수영선수
сонор 첫눈 : сонордьут 짐승 발자국을 찾는 사냥꾼
арыгы 술 : арыгыһыт 술꾼

이 접미사는 아주 생산적으로 쓰이지만, 주로 고어나 혁명 전에 차용된 어휘들에 사용된다. 이 접미사를 가진 명사는 한정적 용법으로도 사용된다.

булчут ыт 사냥개(사냥꾼의 개)
олоҥхоһут киһи 올롱호(서사시)를 낭송할 수 있는 사람

### ❷ 접미사 -чык(-чик, -чук, -чүк)

이 접미사는 애칭이나 지소적 의미로 쓰인다.

чуораан 작은 종 : чуораанчык 아주 작은 종
кулун 망아지 : кулунчук 아주 작은 망아지
доҕор 친구 : доҕочук 사랑하는 친구(애칭)

### ❸ 접미사 -ка(-кэ, -ко, -кө)

이 접미사도 애칭과 지소적 의미를 나타내며, 주로 친척 관계 명사에 쓰인다. 명사 끝에 소유 어미를 붙인다. (밑줄 부분은 인칭소유 어미)

ийэ 어머니 : ийэкэм 나의 사랑하는 어머니
аҕа 아버지 : аҕакам 나의 존경하는 아버지
эһэ 할아버지 : эһэкэбит 우리의 존경하는 할아버지
эбэ 할머니 : эбэкэм 나의 사랑하는 할머니
оҕо 아이 : оҕоком 나의 귀여운 아이

이 접미사가 다른 의미의 명사에 붙으면 반대로 강조적 의미를 덧붙인다.

тымныы 추위 : тымныыката бэрт 지독한 추위
сор 고통 : сорука, соруката 심한 고통

이 접미사는 -кай(-кэй, -кой, -көй)의 형태로도 쓰인다.

аҕакайым 나의 존경하는 아버지

### ❹ 접미사 -чаан(-чээн, -чоон, -чөөн)

이 접미사 역시 애칭과 지소의 의미로 쓰인다.

уол 사내아이, 아들 : уолчаан 어린 사내아이
кыыс 여자 : кыысчаан 소녀
доҕор 친구 : доҕорчоон 친한 친구

### ❺ 접미사 -ыйа(-уйа, -ийэ, -үйэ)

이 접미사는 감정적, 평가적 의미를 가지고 있다. 자주 사용되지는 않는다.

күөс 항아리 : көһүйэ*작은 항아리
быһах 칼 : быһыйа 작은 칼

---

* 음운변화: үө → ө, с → һ / V __ V

күөл 호수 : көлүйэ*작은 호수
үрэх 개울, 시내 : үрүйэ 작은 개울

## 3. 어구적 명사

분석적 방법에 의해 단어가 형성된다. 이것은 한국어에서도 유사한 방식을 볼 수 있다.

### ❶ 애칭 또는 지소 어휘

어휘 оҕо '아이', сыыс '근소, 극소'의 도움을 받아 애칭 또는 지소 어휘를 만든다. 여기서 어휘 оҕо '아이', сыыс '근소, 극소'는 소사와 같은 **보조명사**가 되어 "아주 작은, 적은"의 의미를 부여한다. 이때 보조 성분은 소유형 어미( -то, -а 등)을 갖는다.

быыкаа дьиэ оҕото 아주 작은 집 *быыкаа 작은, дьиэ 집
аҕыйах үүт сыыһа 적은 양의 우유 *аҕыйах 적은, үүт 우유
кыра кэһии сыыһа 아주 작은 선물 *кыра 작은, кэһии 선물

Оҕом тарбаҕын сыыһын өлөрбүт.
나의 아이가 (작은) 손가락에 상처를 입혔다. *тарбах 손가락, өлөр- 상처입히다

### ❷ 보조사 дуом, элээскэ

어휘 дуом '의식, 행사', элээскэ '다 닳거나 헤진 나머지'는 보조사로써 지소 또는 경멸의 어휘를 만든다. 보조사가 된 이 어휘들은 소유형 3인칭 어미(-а, -тэ)를 갖는다.

киһи дуома 약한, 무능한 사람
үлэ дуома 작은 일, 힘들지 않은 일
саа дуома 쓸모없는 총
сон элээскэтэ 다 헤진 외투
киһи элээскэтэ 아주 늙은, 무능력한 사람

보조사 элээскэ는 동사 элэй- '갈아서 닳다, 나빠지다, 낡다'에서 파생된 것이다.

---

* 음운변화: үө → ө

## 4. 복합어

두 개의 어휘를 병행하여 좀더 포괄적이고 일반적인 의미어를 만든다. 이러한 어휘는 민중시, 구어에서 특히 많이 나타난다.

### ❶ 완전한 2 어휘가 결합한 단어

aҕa-ийэ 부모(아버지와 어머니)
от-мас 식물(풀과 나무)
суор-тураах (경멸)죽은 짐승을 먹는 새들(갈가마귀와 까마귀)

### ❷ 두 번째 명사가 의미를 상실한 단어

бөх-сах 폐물, 잡동사니 *бөх 쓰레기, сах 어원이 불분명
көр-нар 오락 *көр 즐거움, нар 독립적으로는 사용 안 함
тыл-өс 소문, 말 *тыл 말, 언어, өс 독립적으로 사용 안 함
сыт-сымар 악취 *сыт 냄새, сымар 독립적 의미가 없음
*고대 투르크어 йыпар 사향, 키르기즈 жыпар 향취
ыыс-быдаан 짙은 안개 *ыыс 훈제 연기, быдаан 독립적인 의미 없음
*몽골어 будаан 또는 быдаан은 '안개' 의미

### ❸ 둘다 독립적인 의미가 없는 단어

им-дьим 정적, 고요

### ❹ 야쿠트어와 러시아어가 결합하는 어휘

махтал-баһыыба 감사합니다(махтал 감사 + 러시아어 спасибо 감사합니다)
сонун-нуомас 소식(сонун + 러시아어 новость 소식)
көр-көрүдьүөс 오락(көр + 러시아어 курьёз 진기한 사건)
угэ-ньамах 풍자(угэ + 러시아어 намёк 힌트)

### ❺ 음성적 자매어와 결합된 복합어

тыас-уус 심한 소음 *тыас 소음, уус 음성적 자매어
тыал-куус 바람 부는 날씨 *тыал 바람, куус 자매어
муҥ-таҥ 끝없는 고통 *муҥ 고통, таҥ 자매어
айдаан-куйдаан 불협화음의 소음 *айдаан 혼란, 소동, куйдаан 자매어
мал-сал 잡동사니 세간, 헌옷 *мал 재산, 물건, сал 자매어

### ❻ 의미의 확대와 추상화

집합적 의미나 포괄적 의미를 나타낸다.

хаар-самыыр 악천후(원뜻: 눈-비)
көтөр-сүүрэр 동물세계(원뜻: 나르는 것-달리는 것)
кус-хаас 물새(오리-거위)
уу-хаар 습기(물-눈)
аҕа-ийэ 부모(아버지와 어머니)
дьиэ-уот 가정(집-불)
үп-ас 재산(소유물-식량)
иһит-хомуос 부엌집기(그릇-냄비)
таҥас-сап 모든 옷(직물-실)
үлэ-иис 일 *үлэ 일, 투르크어 иш 일, 노동

의미를 감정적으로 강조하거나 명확히 하기 위한 방법으로도 복합어가 만들어진다.

эрэй-буруй 고통, 난관 *эрэй 고통, буруй 벌
түбүк-садьык 쓸데없는 걱정 *түбүк 걱정, садьык 의미 불분명
сурах-садьык 소식, 소문 *сурах 소식, 소문, садьык 의미 불분명
күүс-уох 큰 세력 *күүс 힘, уох 힘

성분이 되는 어휘의 다양한 의미를 분명하게 해주는 기능도 있다.

быһыы-майгы 품행, 행동
*быһыы 형태, 모양, 틀, 본, 등, майгы 방법, 수단, 형태, 성격, 상태 등
дьүһүн-бодо 외모
*дьүһүн 모양, 겉, 모습, 색, 털색깔 등, бодо 용모, 특성 등

## 5. 합성명사

합성명사는 두 성분이 대등하게 결합되는 것이 아니라 수식어와 피수식어로 기능이 구분된다. 두 어휘 성분은 결합에서 형태적으로 구분되지 않는 것과 하나의 성분이 소유의 형태를 가진 것이 있다.

❶ 형태적인 구분이 없이 하나의 어휘를 구성하는 경우

эр санаа 용기(원뜻: 남자의 생각)
ат оҕус 거세한 황소(ат 말, 거세한, оҕус 황소)
кыһыл оҕо 어린이(예쁜 아이)
кыһыл көмүс 금(кыһыл 아름다운, көмүс 금, 은)
үрүҥ көмүс 은(үрүҥ 흰)
таас чох 석탄( 돌 + 탄)
тимир суол 철도(철 + 길)
кумах куйаар 사막(모래 + 끝없는 공간)
тумус арыы 반도(곶 + 섬)
аан дойду 세계, 우주(аан 어원 불분명, дойду 나라)
Ийэ дойду 조국(어머니 + 나라)
уус тыл 웅변(능숙한 + 말)
ох саа 활(화살 + 무기)
сарыы кынат 박쥐(영양 가죽 + 날개)

❷ 두 번째 성분이 소유의 어미를 가지는 경우 (밑줄 부분은 소유어미)

харах эргэтэ 백내장(눈 + 낡은, 헐은)
харах уута 눈물(눈 + 물)
сис тоноҕоһо 척추(сис 척추 + тоноҕос 등)
атах хаптаҕайа 뒤꿈치(발 + хаптаҕай 평평한)
балык ыама 산란(물고기 + 산란)
өс хоһооно 속담(투르크어 сөс 단어, хоһоон 싯귀, 객담)
ооҕуй илимэ 거미집((거미 + илим 망)
кулун кутуруга 뚝새풀(망아지 + кутурук 꼬리)
кулун туйаҕа 금잔화(망아지 + туйах 발굽)
биэ эмийэ 산딸기(암말 + эмиий 젖가슴)
мас ууһа 소목장이(мас 나무 + уус 전문가, 대가)
тимир ууһа 대장장이(тимир 철 + уус 전문가, 대가)
сир шара 지구본(сир 지구 + шар 구)
тыа хаһаайыстыбыта 농촌경제(тыа 농촌 + хаһаайыстыбыт 경제)

❸ 합성어 형성에서 의미의 전이와 확대

таас чох '석탄'(돌 + 탄)에서 таас는 문자 그대로 '돌'을 뜻한다. чох는 보통

'목탄, 숯'을 의미한다. таас가 다른 합성어에서는 '돌'이라는 의미를 유지한다. 예를 들어, таас дьиэ '돌집', таас эркин '돌벽', таас баҕана '돌기둥', таас күргэ '돌다리'와 비교해 볼 수 있다. таас чох는 한국어 대응어 '석탄'의 어휘 구조와 비교해 볼 때 일치되는 점을 찾을 수 있다.

кыһыл оҕо '어린이'에서도 кыһыл '빨강'은 비유적 의미를 갖는다. 예를 들어, кыһыл таҥас '빨간 천', кыһыл кырааска '빨간 염료', кыһыл кумааҕа '빨간 종이'에서 кумааҕа는 본래의 의미를 유지한다.

харах уута '눈물'(눈 + 물)에서도 영어의 tear나 노어의 слеза와 달리 합성어의 구조가 한국어와 동일한 점을 보게 된다. күөл уута '호수물', өрүс уута '강물', самыыр уута '빗물'도 같은 구조를 보여준다.

## 6. 동사 파생 명사

동사에서 파생된 명사들은 동사에 고유한 행위의 의미를 유지하고, 부사와 부동사와 결합하는 문법적 특성을 보유한다. 명사 파생 과정에는 접미사들이 참여한다.

### ❶ 접미사 -ыы(-ии, -уу, -үү)

자음으로 끝나는 동사에 붙는 접미사로 한국어에서 '~하기', '~함'과 비교된다. 의미는 행위 자체나 결과를 나타낸다.

барыы 떠남 *бар- 떠나다
олоруу 앉기, 거주 *олор- 앉다, 살다
сытыы 눕기 *сыт- 눕다
күлүү 웃기, 웃음 *күл- 웃다
ыһыы 파종 *ыс- 파종하다, 씨 뿌리다
өлүү 죽음 *өл- 죽다

상호태, 수동태나 완료상과 같은 동사의 태 접미사나 상 접미사가 있는 동사 어간에도 명사화 접미사가 붙는다.

билсиһии 알게 되기, 안면 *бил- 알다; 상호태 билсис- 알게 되다
охсуһуу 싸움 *оҕус- 치다, 때리다; 상호태 охсус- 싸우다
харыстаныы 자기 방어 *харыстаа- 절약하다, 보호하다; 재귀태

харыстан- 스스로 방어하다

биллэрии 선언, 공고 *촉진태 биллэр- 알게 하다

ааҕыталыы 재독, 다시 읽기 *аах- 읽다; 다회상 ааҕыталаа- 다시 읽다

행위 명사는 분석형 동사로부터도 만들어진다.

ойох ылыы 결혼 *ойох ыл- 결혼하다; ойох 아내; ыл- 취하다, 가져가다

суох гыныы 청산, 해소, 근절 *суох гын- 청산, 해소하다, 근절시키다; суох 없음, 무

киэр гыныы 없앰, 제거, 추방 *киэр гын- 없애다, 제거하다, 추방하다;
киэр [감탄] 꺼져라

хойутаан хаалыы 늦음, 지각 *хойутаан хаал- 아주 늦다; хойутаа- 늦다;
хаал- 남다, 머물다

толорон иһи 지속적 이행 *толорон ис- 계속 수행하다; толор- 채우다; ис- 가다

의성동사로부터도 명사가 만들어진다.

ардырҕаһыы 짖기, 으르렁거리기 *ардырҕас- 으르렁대다

саһыгыраһыы 크게 웃기 *саһыгырас- 크게 웃다

арбайыы 헝클어뜨리기 *арбай- 헝클어지다

былчайыы 부풀리기, 돌출 *былчай- 부풀어오르다, 돌출하다

### ❷ 접미사 -ааһын(-ээһин, -ооһун, -өөһүн)

어간 끝에 장모음이나 이중모음을 가진 동사에 붙는다. 이 접미사는 본래 많이 쓰이지 않았다. 1917년 혁명 후 행위명사의 추상적 개념을 나타내는 전문용어 형성 수단으로 이용되면서 매우 생산적인 접미사가 되었다. 이 접미사는 명사에서 파생된 동사에도 붙어 추상명사를 만들기도 한다. 이 접미사는 러시아어의 접미사 -ние, -ация와 의미적으로 대응된다.

хамнааһын 운동 *хамнаа- 움직이다

баттааһын 압력 *баттаа- 누르다

босхолооһун 해방 *босхолоо- 해방시키다

холбоһуктааһын 집단화 *холбоһуктаа- 집단화하다

былааннааһын 계획화 *былааннаа- 계획하다

сүүмэрдээһин 선별 *сүүмэрдээ 선별하다

агитациялааһын 선동 *агитациялаа- 선동하다

национализациялааһын 국유화 *национализациялаа- 국유화하다

### ❸ 접미사 -ааччы(-ээччи, -ооччу, -өөччү)

이 접미사는 모든 동사 어간에 붙어 행위자를 나타내는 기능을 한다. 한국어의 "~ 하는 사람"이라는 의미와 동일하다. 이와 같은 의미의 접미사 '-һыт'는 명사 어간에 붙는다.

балыксыт 어부 балыктаачча 고기잡는 사람

үлэһит 노동자 үлэлээччи 일하는 사람

булчут 사냥꾼 бултаачча 사냥하는 사람

다음과 같은 예들은 이 접미사가 일반적 행위자를 나타내는 특성을 잘 보여준다.

манна *олороочу* 여기 *앉아 있는 사람*

Кини кыраттан *кыыһыраачча* 그는 작은 일에 *화를 내는 사람*이다.

Кини мэлдьи *тиэтэйээччи* 그는 항상 *서두르는 사람*이다.

습관적 행위를 가진 사람을 나타내기도 한다.

Эрдэ *тураачча<u>бын</u>*. 나는 일찍 *일어나는 사람*이다. *-бын: 단수 1인칭 어미

Бу кыыс кинигэни таптаан *ааҕааччы*. 이 소녀는 책들을 읽기 *좋아하는 아이*다.

Оһоҕу *оҥороооччу*бун. 나는 난로를 *만드는 사람*이다.

접미사 -аачча를 가진 명사는 행위 대상의 부속어를 가지고 한정사로도 쓰인다.

уу *баһааччы* кыыс 물을 *길어오는* 소녀

сыл аайы үчүгэйдик *үөрэнээччи* оҕолор 매년 우수하게 *공부하는* 아이들

현대 야쿠트어에서는 이 접미사가 행위자를 나타내는 전문용어를 만드는데 사용된다.

суруйааччы 작가 *суруй- 쓰다

ааҕааччы 낭독자 *аах- 읽다

үөрэнээччи 학생 *үөрэн- 배우다

үөрэтээччи 선생님 *үөрэт- 가르치다

салайааччы 지도자 *салай- 지도하다

хамсатааччы 엔진, 발동기 *хамсат- 움직이다

көннөрөөччү 교정자 *көннөр- 똑바르게 하다

кэрбээччи 설치류 *кэрбээ- 갉아먹다

бурүйданааччы 피고 *бурүйдан- 비난받다

위 예들은 행위자를 나타내는 전문적 용어로서 뿐만 아니라 "~ 하고 있는 사람"이라는 의미로서도 쓰인다.

суруйааччы 쓰고 있는 사람, 쓸 줄 아는 사람, 쓰는 습관이 있는 사람
ааҕааччы 읽는 사람, 읽을 줄 아는 사람, 읽는 습관이 있는 사람
билээччи 통달한 사람, 박식한 사람, 알고 있는 사람

이 접미사는 행위자의 의미로 목적어와 함께 합성어를 만든다.

уу баһааччы 물을 운반하는 사람
ынах ыаччы 젖 짜는 여자
оҕо көрөөччү 유모(아이를 돌보는 여자)
ас астааччы 요리사

폴란드 학자 카우진스키(St. Kałużyński)는 접미사 -ааччы가 몽골어에서 차용된 형태로 본다.*

이와 유사한 형태를 에벤키어에서도 볼 수 있다. 한국어에서 '읽지, 가지, 쓰지'와 같이 동사 접미사 '-지'와의 관련성을 추측해 볼 수 있다.

### ❹ 접미사 -был(-бил, -бул, -бүл)

장모음으로 끝나거나 й로 끝나는 어간에 이 접미사가 붙는다. 행위를 나타내는 명사를 만든다.

сатабыл 능력 *сатаа- 할 줄 알다
манабыл 방위, 경비 *манаа- 방위, 방어하다, 지키다
эрэбил 희망, 확신 *эрэн- 희망하다, 확신하다, эрэй- 이익을 기대하다
кэтэбил 기대 *кэтээ- 기다리다, 관찰하다
тохтобул 정지, 정류장 *тохтоо- 정지하다
өрөбүл 체류 *өрөө- 체류하다

어간에 자음 л이 있으면, 접미사는 -быр가 된다.

талабыр 강도, 강탈 *талаа- 강탈하다
холобур 예, 모범 *холоо- 비교하다, 정하다

---

* 몽골어 -ҕачи[가치] > -аачи[아아치].

тыллабыр 신고, 고발 *тыллаа- 신고, 고발하다

төлөбүр 지불 *төлөө- 지불하다

### ❺ 접미사 -ык(-ик, -ук, -үк)

자음으로 끝나는 어간에 붙는다. 행위나 그 행위의 도구나 결과를 나타내는 명사를 만든다.

ытык 버터를 젓는 주걱 *ытый- 주걱을 젓다, 스메타나를 만들다

кыбытык 삽입, 끼워 넣는 것 *кыбыт- 끼워넣다, 삽입하다

бэрик 뇌물 *биэр- 주다

толук 매수, 보상 *толуй- 매수하다, 보상하다

хонук 숙소, 주야 *хон- 숙박하다, 밤을 지내다

турук 상황 *тур- 서 있다

соруk 임무, 과제 *соруй- 임무를 주다

### ❻ 접미사 -ах(-эх, -ох, -өх)

이 접미사는 도구나 행위 결과를 의미한다.

быһах 칼 *быс- 베다, 자르다

соҕох 절구공이 *сох- 절구질하다

харах 눈투르크어 *хара- 보다

тимэх 단추 *түм- 매듭을 만들다

олох 자리, 인생현대 야쿠트어 *олор- 앉다, 살다

сурах 소문 *сураа- 자세히 물어 알아내다

сыбах 벽에 칠하기 *сыбаа- 벽에 칠하다

тирэх 지주 *тирээ- 지지하다, 떠받치다

сэрэх 추측 *сэрэй- 추측하다

### ❼ 접미사 -лаҥ(-лэҥ, -лоҥ, -лөҥ)

이 접미사는 행위를 가리킨다.

кистэлэҥ 비밀 *кистээ- 감추다

сөбүлэҥ 동의 *сөбүлээ- 동의하다

соболоҥ 노동에 대한 보상 *собор- 과도한 일로 몹시 지치다

күһэлэҥ 강제 *күһэй- 강요, 강제하다

**❽ 접미사 -лта(-лтэ, -лто, -лтө)**

이 접미사는 행위를 의미한다.

дьаһалта 처리, 관리 *дьаһай- 처리, 관리하다

харалта 보호 *харай- 보호하다

түбэлтэ 사건 *түбэс- 일어나다, 발생하다

хомолто 실망, 환멸, 비탄 *хомой- 실망하다, 슬퍼하다

көмөлтө 도움 *көмөлөө-, көмөлөс- 돕다

кэһэлтэ 위협, 벌 *кэһэй- 위협받다, 벌 받다

тэрилтэ 조직, 기업 *тэрий- 설치, 장치하다

## 수의 개념

야쿠트어 명사는 수에 관해 단수와 복수의 구분이 있다. 명사 복수형은 접사 **{-лар}**를 붙여 만들어진다. 접사가 붙을 때 모음조화와 자음동화는 철저히 지켜진다. 이 형태소의 자음 л과 모음 a는 어간의 자음과 모음에 따라 **동화**를 일으킨다.

### 1. 접사 {-лар}의 변화

**❶ 어간의 모음에 따라 4개의 모음으로 바뀐다.**

/-лар/, /-лор/, /-лэр/, /-лөр/

**❷ 어간의 자음에 따라 4개의 자음으로 바뀐다.**

/-тар/, /-дар/, /-нар/, /-ҥар/

/-тор/, /-дор/, /-нор/, /-ҥор/

/-тэр/, /-дэр/, /-нэр/, /-ҥэр/

/-төр/, /-дөр/, /-нөр/, /-ҥөр/

## 2. 이형태

어간의 마지막 자음에 따라 이 접미사는 다음과 같은 이형들을 갖는다.

❶ 어간이 모음이나 자음 л로 끝나는 경우:

/-лар/, /-лор/, /-лэр/, /-лөр/

саа-лар[saalar] 무기들, оҕо-лор[oɣolor] 아이들

эбэ-лэр[ebeler] 할머니들, 강들

төбө-лөр[töbölör] 머리들, күөл-лөр[küölör] 호수들

❷ 어간이 자음 к, п, с, т, х로 끝나는 경우:

/-тар/, /-тор/, /-тэр/, /-төр/

балык-тар[balɨktar] 물고기, сал-тар[saltar] 실들

көмүс-тэр[kömüster] 금들

ат-тар[attar] 말들, харак-тар[xaraktar] 눈들

кыргыт-тар[kɨrɣɨttar] 소녀들, уолат-тар 사내애들

оҕонньор[oɣonń'or] 노인 - оҕонньот-тор[oɣonńottor] 노인들

төрөппүт-тэр[töröppütter] 친척

❸ 어간이 자음 й, д, р 로 끝나는 경우:

/-дар/, /-дор/, /-дэр/, /-төр/

сарай-дар[sarajdar] 헛간들, сирэй-дэр[sirejder] 얼굴들

бүтэй-дэр[bütejder] 울타리들

хаар-дар[ɋaardar] 눈들, улар-дар[ulardar] 멧닭들

❹ 어간이 자음 м, н으로 끝나는 경우:

/-нар/, /-нор/, /-нэр/, /-нөр/

олом-нор[olomnor] 개울들, отон-нор[otonnor] 딸기들

сон-нор[sonnor] 외투들

сиэн-нэр[sienner] 손자들, сонун-нар[sonunnar] 소식들

❺ 어간이 자음 нг로 끝나는 경우:
/-нгар/, /-нгор/, /-нгэр/, /-нгөр/

тиинг-нгэр[tiiŋŋer] 다람쥐들

## 소속의 범주

### 1. 통사적 관계

소속(또는 소유)의 문법 범주는 어떤 대상이 사람이나 또 다른 대상에 대한 관계를 보여준다. 이 관계는 야쿠트어에서 통사적으로 표현된다.

예: Бу кинигэ *миэнэ*. 이 책은 나의 것이다.
[bu kinige mjene]
Ол дьиэ *биһиэнэ*. 저 집은 우리의 것이다.
[ol ʒje bihjene]

그러나 무엇보다도 이 범주는 특수한 접미사에 의해 형태적으로 나타내어진다. 소유 형태는 각 인칭마다 특수한 접미사가 있으며, 음성적인 조건에 의해 이형태가 만들어진다.

### 2. 소유형 접미사

접미사는 단수와 복수에 따라, 어간이 모음으로 끝나는 지 또는 자음으로 끝나는 지에 따라 접미사의 모음과 자음이 바뀐다.

❶ 단수
어간이 자음으로 또는 모음으로 끝나는 것에 따라 그리고 모음의 성질에 따라 모음과 자음이 달라진다.

|  | 모음 뒤 | 자음 뒤 |
|---|---|---|
| 1 인칭 | -м | -ым(-им, -ум, -үм) |
| 2 인칭 | -ӊ | -ыӊ(-иӊ, -уӊ, -үӊ) |
| 3 인칭 | -та(-тэ, -то,-тө) | -а(-э,-о, -ө) |

❷ 복수

단수에서와 같이 어간이 자음으로 또는 모음으로 끝나는 것에 따라 그리고 어간 모음의 성질에 따라 모음과 자음이 달라진다.

1 복수 1인칭 접미사 기본형은 **{-пыт}**이다.
어간의 마지막이 이중모음 또는 자음 й, л, р이면 접미사는 -быт, 마지막 자음이 к, п, с, т, х로 끝나면 접미사는 -пыт, 마지막 자음이 м, н, ӊ로 끝나면 접미사는 -мыт가 된다.

|  | 접미사 |
|---|---|
| 자음 й, л, р | -быт(-бит, -бут, -бүт) |
| 자음 к, п, с, т, х | -пыт(-пит, -пут, -пүт) |
| 자음 м, н, ӊ | -мыт(-мит, -мут, -мүт) |

2 복수 2인칭 접미사는 **{-кыт}**이다. 어간 마지막이 모음으로 끝나면 -ҕыт, 자음 й, л, р로 끝나면 -гыт, 자음 к, п, с, т로 끝나면 -кыт, 자음 х로 끝나면 -хыт, 자음 м, н, ӊ로 끝나면 -ӊыт가 된다.

|  | 접미사 |
|---|---|
| 모음 а, э, о, ө<br>ы, и, у, ү | -ҕыт(-ҕит, -ҕут, -ҕүт) |
| 자음 й, л, р | -гыт(-гит, -гут, -гүт) |
| 자음 к, п, с, т | -кыт(-кит, -кут, -күт) |
| 자음 х | -хыт(-хит, -хут, -хүт) |
| 자음 м, н, ӊ | -ӊыт(-ӊит, -ӊут, -ӊүт) |

3 복수 3인칭 접미사는 **{-тара}**이다. 어간이 모음, 이중모음 또는 자음 л로 끝나면 -лара, 자음 к, п, с, х로 끝나면 -тара, 자음 й, р로 끝나면 -дара, 자음 м, н, ӊ로 끝나면 -нара가 된다.

| | 접미사 |
|---|---|
| 모음, 이중모음, л | -лара(-лэрэ, -лоро, -лөрө) |
| 자음 к, п, с, х | -тара(-тэрэ, -торо, -төрө) |
| 자음 й, р | -дара(-дэрэ, -доро, -дөрө) |
| 자음 м, н, нг | -нара(-нэрэ, -норо, -нөрө) |

단수:

1인칭 аҕа*м* [aɣam] 나의 아버지, аты*м* [atɨm] 나의 말
2인칭 аҕа*нг* [aɣaŋ] 너의 아버지, аты*нг* [atɨŋ] 너의 말
3인칭 аҕа*та* [aɣata] 그의 아버지, ат*а* [ata] 그의 말

복수:

1인칭

аҕа*быт* [aɣabɨt] 우리 아버지, уол*бут* [uolbut] 우리 아들
кыыс*пыт* [kɨɨspɨt] 우리 딸, ап*пыт* [appɨt] 우리 말(ат)
ором*мут* [orommut] 우리의 침대(орон)

2인칭

аҕа*ҕыт* [aɣaɣɨt] 당신의 아버지 дьэ*ҕит* [ʒeɣit] 당신의 집
харчы*гыт* [ɖarčɨɣɨt] 당신의 돈 уол*гут* [uolgut] 당신의 아들
кыыс*кыт* [kɨɨskɨt] 당신의 딸 akk*ыт* [akkɨt] 당신의 말(ат)
ынах*хыт* [ɨnaɖɖɨt] 당신의 암소 ohox*хут* [ohoɖɖut] 당신의 난로
орон*нут* [oroŋŋut] 당신의 침대(орон) илим*нит* [ilimŋit] 당신의 그물

3인칭

аҕа*лара* [aɣalara] 그들의 아버지 уол*лара* [uolara] 그들의 아들
кыыс*тара* [kɨɨstara] 그들의 딸 ат*тара* [attara] 그들의 말
ампаар*дара* [ampaardara] 그들의 창고 өй*дөрө* [öjdörö] 그들의 집
аан*нара* [aannara] 그들의 문 илим*нэрэ* [ilimnere] 그들의 그물

야쿠트어에서 소속의 범주는 기본 범주 중 하나이다. 이 형태는 아주 빈번하게 사용된다. 특히 법적 관계를 나타내는 용어에서 자주 쓰인다. 소유나 소속의 개념과 거리가 있는 대상들 사이의 논리적 관계를 나타낼 때에도 활용된다.

куорат тулата [kuorat tulata] 도시 주변
билбэт киhим [bilbet kihim] 내가 모르는 사람 *киhи 사람; билбэт 모르는

сылдьыбатах сир*им* [sɨlʒɨbataq sirim] 내가 가보지 않은 곳

*сир 땅, 곳; сылдьыбатах 가보지 않은

공간적 관계를 표현하는 보조명사와 별개의 후치사들이 소속의 형태를 가진다. 이 형태는 명사화된 의미를 가진 형동사에도 쓰인다.

예: Барар*ым* чугаhаата 내가 떠날 때가 임박하였다. *чугаhаа- 임박하다; барар 떠날

Кэлбит*тэрэ* биллибэт 그들이 왔던 일은 알려지지 않았다. *кэдбит 왔던

현대 야쿠트어에서 일련의 동사 변화형들은 "소속의 접미사"들이다. 이 경우 이 접미사들은 소속의 의미를 상실하고 변화형으로 기능한다.

барбыт-*тар-а* [barbɨttara] 그들이 떠나갔다.(미래)

бар-*ыаҕ-ым* [barɨaɣɨm] 나는 갈 것이다.(미래)

## 격 형태

야쿠트어에서 격은 어휘들 간의 논리적 관계를 나타내어 주는 것으로 정의되어 있다. 그러나 이 격의 형태와 체계에 관해서는 아직 특별한 연구가 되어 있지 않다.

현대 야쿠트어에서 격 형태에는 **단순형**과 **소유형**의 두 형태가 있다. 격 체계에는 8개의 격이 있는 것으로 인정된다. 격에는 기본격, 공동격, 대격, 부분격, 여격, 시발격, 도구격, 비교격이 있다.

### 1. 단순 변화형

#### ❶ 기본격

이 격은 어미가 존재하지 않는 무형 어미이다. 이 형태는 문장의 주어로서 쓰인다. 따라서 기본격은 주격이라고도 할 수 있다.

기본격 형태가 아주 보편적으로 사용되는 경우는 지배 관계 어구에서 지배어들이다.

колхоз ата 콜호즈의 말, ынах үүтэ 우유(소의 젖)

일부 의미 범주의 명사들은 다른 명사들 앞에서 어간의 형태로 수식어의 구실을 할 수 있다.

таас дьиэ 석조건물

тирии сон 가죽 외투

буор суол 자갈길

оскуола дьиэ 교사(학교 건물)

위의 예들은 한국어에서 자주 쓰이는 복합어와 똑같은 구조를 보인다.

Убайым *тракторист.* 나의 큰 형은 트랙터 기사이다.

Саха таптыыр aha - *кымыс.* 야쿠트인이 좋아하는 음식은 발효유이다.

Дьукаахтарбыт *нууччалар.* 우리의 이웃들은 러시아인들이다.

기본형은 서술어로도 쓰일 수 있다.

### ❷ 동반격

동반격 접미사는 **{-лыын}**이다. 이것은 어간에 따라 다음과 같은 이형태를 가진다. 접미사의 의미는 "~와/과"이다.

이형태: **-лыын/-лиин/-луун/-лүүн**

**-тыын/-тиин/-туун/-түүн**

**-дыын/-диин/-дуун/-дүүн**

**-ныын/-ниин/-нуун/-нүүн**

Мин оҕонньо*дуун* дьиэ*бэ* хаалабын.

나는 노인과 집에 남아 있는다.

*хаал 남다; хаал-а-бын 내가 남다

Эбэ*м* оҕолор*дуун* кэллэ.

나의 할머니가 아이들과 왔다

*кэл- 오다; кэл-лэ 그가 왔다

### ❸ 대격

대격 접미사는 **{-ны}** 또는 **{-ы}**이다. 접미사 -ны(이형 -ни, -ну, -нү)는 모음으로 끝나는 어간에 붙고, 접미사 -ы(이형 -и, -у, -ү)는 자음으로 끝나는 어간에 붙는다.

대격은 직접 목적어를 나타내는 경우에 쓰인다. 접미사의 의미는 "~을/를"이다.

Бу дьэ*ни* быйыл туппуттара.

이 집을 금년에 (그들이) 지었다.

*тут- 짓다, 건설하다; туп-пут-тара 그들이 지었다

Ити киhи*ни* мин билбэппин.

이 사람을 나는 모른다.

*бил- 알다; бил-бэп-пин 나는 모른다

※ 불특정 대상의 표시:

Бу киhи арыгы*ны* испэт.

이 사람은 술을 마시지 않는다.

*ис- 마시다; ис-пэт (그는) 마시지 않다

※ 타동사의 목적어 표시:

Аан*ы* ас. 문을 열어라.

Оҕо*ну* аhат. 어린애를 먹여라.

Уот*у* умат. 불을 지피어라.

※ 타동사가 아닌 경우 대격형으로 직접 목적어를 나타내는 경우:

Ыраах сир*и* бардыбыт.

넓은 땅을 (우리가) 지나왔다.

*бар- 오다; бар-ды-быт 우리가 왔다

Үс километр*ы* тохтообокко сүүрдүм.

3 킬로미터를 쉬지 않고 나는 달렸다.

*сүүр- 달리다; сүүр-дүм 나는 달렸다

Ыалдьан, икки ый*ы* сыттым.

병 때문에 2 달을 나는 누워 있었다.

*сыт- 눕다; сыт-тым 나는 누워 있었다

### ❹ 부분격

부분격 접미사는 **{-та}**이다. 이 접미사의 이형태들은 다음과 같다.

**-та, -то, -тэ, -тө**

**-да, -до, -дэ, -дө**

**-ла, -ло, -лэ, -лө**

**-на, -но, -нэ, -нө**

부분격은 행위 대상 중 제3의 대상을 가리킨다. 이것은 항상 전체의 일부분으로서, 또는 일부 단위로서, 또는 무관심한 개별적 존재로서 나타내어진다. 문장에서 부분격 형태의 명사가 직접 목적어 기능을 하기도 한다.

부분격은 동사 **명령형** 구문에서만 이용된다. 때로 형동사 형태에서도 이용된다. 부정문에서는 부분격이 보통 이용되지 않는다.

Мас*та* хайыт. 장작을 좀 패라.

Уу*та* баhыг. 물을 좀 길어라.

대상의 불특정성이 수사 구문에서도 유지된다.

Икки буочука уу*та* бэлэмнээриҥ. 두 통의 물을 준비해라.

*буочука 통, бэлэмнээ- 준비하다

### ❺ 여격

여격 접미사는 **{-ҕа}** 이다. 이 접미사의 이형태는 다음과 같다.

**-ҕа, -ҕэ, -ҕо, -ҕө**

**-да, -дэ, -до, -дө**

**-ла, -лэ, -ло, -лө**

**-на, -нэ, -но, -нө**

여격은 누구에게(кимиэхэ), 무엇에(туохха), 어디에서(хантан), 어디로(ханна), 얼마 동안(төhөҕө)를 나타내는 구문에 쓰인다.

[1] 행위가 지칭하는 대상:

Ыhыах*ха* бэлэмнэнэбит.

으스아흐 축제를 (우리가) 준비하고 있다.

Учуутал оболого эргиллэ түстэ.
선생님은 아이들에게 갑자기 돌아섰다.

2 대상이 존재하거나 행위가 이루어지는 장소 또는 행위의 시간을 가리킬 때:

Сүгэ муннукка сытар. 도끼가 구석에 있다. (муннук 구석)
Аҕам колхозка үлэлиир. 나의 아버지는 콜호즈에서 일하신다.
Самыыр үс хонукка түстэ. 비가 3일간 내렸다.

3 행위가 지향하는 방향이나 장소:

Оҕолор оскуолаҕа бардылар. 아이들이 학교에 갔다.
Аҕалара уон хонукка командировкаҕа барбыт.
그들의 아버지가 10일 간 출장을 가셨다.

※ 시간과 장소의 부사적 기능:
2와 3에서 여격은 시간과 장소의 부사적 기능을 수행한다. 이외 여격 형태의 명사는 목적, 이유, 행위 형태 및 다른 논리적 관계들을 나타낸다.

Наадаҕа бардылар. (그들은) 용무로 갔다.
Бу атаска кэлбит кинигэ. 이것은 교환으로 온 책이다.

## ❻ 시발격

시발격 접미사는 **{-ттан}(이형태 -ттэн, -ттон, -ттөн)**이다. 그러나 어간의 마지막 자음 뒤에서는 **{-тан}(이형태 -тэн, -тон, -төн)**이 온다.

시발격은 "누구로부터"(кимтэн?), "무엇으로부터"(туохтан?), "어디로부터"(хантан?), 언제부터(төһөнөн?)라는 질문에 대한 답으로 활용된다. 시발격은 행위가 시작되는 장소, 시간, 대상 또는 개념을 의미한다.

1 장소

Эйиэхэ куораттан сурук тахсыбыт. 너에게 도시에서 편지가 왔다.
*таҕыс- 나가다; тахсыбыт 나갔다

2 시간

Ол күнтэн ыла кэпсэппэт буолла. 그때부터 시작하여 (그는) 말하지 않았다.
*кэпсээ- 말하다, 설명하다; кэпсэт 이야기하다, кэпсэппэт [부정]

③ 동기(목적, 이유)

Тыал*тан* сир сиигэ көтөр. 바람 때문에 땅이 습기를 잃었다.

*сиик 습기, көтө- 날아가다, 증발하다; көтөр- 날아갔다, 잃었다

④ 간접 목적어

Ол киһи*ттэн* ыйыт. 저 사람에게 물어 보아라.

*ыйыт- 묻다

### ❼ 도구격

도구격 접미사는 **{-нан}(이형태 -нэн, -нон, -нөн)**이다. 어간이 자음으로 끝나는 경우에는 **{-ынан}(이형태 -инэн, -унан, -үнэн)**이 온다.

도구격은 "누구에 의해"(кимнэн?), "무엇에 의해"(тугунан?), "어떤 장소에 의해"(ханан?), "어떤 방법으로"(хайдах?), "왜"(тоҕо?)에 대한 대답으로 활용된다.

① 도구, 방법, 행위 수단을 나타내는 간접목적어

Аҕа*м* остуораһ*ынан* үлэлээбитэ. 나의 아버지는 경비원으로 일하셨다.

*үлэлээ- 일하다

② 장소

Суол*унан* бардылар. 길을 따라 (그들은) 갔다.

Күөл кытыыт*ынан* суол ааһар. 호수 가를 따라 길이 나 있다.

③ 행위

Эйэ*нэн* араҕыстылар. 평화롭게 (그들은) 헤어졌다. *араҕыс- 헤어지다

④ 동기(이유, 목적)

Ийэ*м* сорудаҕ*ынан* дьиэ*бэр* элбэҕи оҥоробун.

나의 엄마의 명으로 집에서 많이 일한다. *сорудах 부탁, 임무 оҥор- 일하다

Биир ыйы*нан* төннүөм. 한 달 뒤 (나는) 돌아올 것이다. *төнүн- 돌아가다

### ❽ 비교격

비교격 접미사는 **{-тааҕар}**를 기본형으로 가진다.

이형태: **-тааҕар, -тээҕэр, -тооҕор, -төөҕөр**

**-лааҕар, -лээҕэр, -лооҕор, -лөөҕөр**

**-дааҕар, -дээҕэр, -дооҕор, -дөөҕөр**

**-нааҕар, -нээҕэр, -нооҕор, -нөөҕөр**

비교격은 "누구보다"(кимнээҕэр?), "무엇보다"(туохтааҕар?)의 질문에 대한 답으로 활용된다.

Массыына ат*тааҕар* быдан түргэн. 자동차는 말보다 더 빠르다.

Туох*тааҕар* даҕаны минньигэс. 무엇보다 훨씬 달다.

비교격 명사는 형용사나 부사에 의해 표현되는 구문의 한 성분이 될 수 있다.

Эһэ*тээҕэр* күүстээх кыыл. 곰 보다 힘있는 짐승

Хаас кус*тааҕар* түргэнник көтөр. 거위는 오리 보다 더 빨리 나른다.

## ❾ 특수 격 형태 {-лары}

**-лары, -лэри, -лору, -лөрү**

**-тары, -тэри, -тору, -төрү**

**-дары, -дэри, -дору, -дөрү**

**-нары, -нэри, -нору, -нөрү**

이 접미사는 "~과 함께"라는 의미로 "누구와 함께"(кимнэри?, кими кытары?), "무엇과 함께"(туохтары?, тугу кытары?)라는 질문에 대한 대답에서 활용된다.

Быһа*ҕы* кыын*нары* аҕал. 칼을 칼집과 함께 가져와라.

*кыын 칼집 / аҕал- 가져오다, 주다

이 접미사는 민중어에서 오래 전부터 부가적 의미를 갖는 형태의 단어로 널리 알려져 왔다.

Күнүс*тэри* утуйар. 낮에도 (그는) 잔다.

Түүн*нэри* үлэлииллэр. 밤에도 (그들은) 일한다.

Түүн*нэри*-күнүс*тэри* 밤에도 낮에도

Кыһын*нары*-сайын*нары* биир дьиэ*бэ* олоробут.

겨울에도 여름에도 한 집에서 (우리는) 살고 있다.

Быйыл сайын*нары* тымныы буолла. 금년 여름에 추워졌다.

киэһэ*лэри* 저녁에도

сарсыарда*лары* 아침에도

## 2. 소유형 변화

명사에 자주 소속의 접미사가 첨가된다. 이것은 보통 친족 관계, 신체의 일부, 나이 등을 나타낸다.

aҕа*м* 나의 아버지, ийэ*тэ* 그의 어머니, оҕо*ҥ* 너의 아이

атаҕ*ым* 나의 발, саһыл кутуруг*а* 여우 꼬리

сүүрбэ*м* 나는 20살이다, кини алта уон*а* 그는 60살이다

*саһыл 여우, кутурук 꼬리

소속의 형태를 나타내기 위해서는 보조명사가 이용된다.

дьиэ иһ*э* 집안, оһох анны*гар* 난로 밑에서

күөл үрдү*гэр* 호수 위에서, мин инни*бэр* 내 앞에서

소유 접미사를 가진 명사들은 격에 따라 변화한다. 이것을 **소유형 변화**라 한다.

Оҕо ытыыр. 아이가 울고 있다.

Оҕоҥ ытыыр. 너의 아이가 울고 있다.

Дьиэ*ттэн* таҕыстым. 나는 집에서 나갔다. *таҕыс- 나가다

Дьиэ*бит**тэн* таҕыстым. 나는 자신의 집에서 나갔다.

소유형 변화 체계는 보다 큰 의미역을 가진다. 그리고 단수와 복수, 3개의 인칭에 따라 6개의 형태로 변화한다.

소유 접미사는 항상 격 접미사 보다 앞에 놓인다.

аҕа-*б*-ар 나의 아버지에게

ак-*к*-ын 너의 말을(대격)

### ❶ 기본격

기본격 접미사는 존재하지 않는다. 단순 어간과 구분되는 것은 소속 접미사가 있다는 점이다.

Аҕа*м* үлэллир. 나의 아버지는 일하고 계신다.

Оҕо*бут* үөрэнэр. 우리 아이는 공부하고 있다.

Ийэ*ҥ* кэллэ. 너의 어머니가 오셨다.

Дьиэ*бит* ичигэс. 너희들의 집은 따뜻하다.

## ❷ 동반격

이 격은 보통 기본격 형태로 나타나는 주어와 함께 쓰인다. 이것은 행위의 부차적 역할을 한다.

| | 1인칭 | 2인칭 | 3인칭 |
|---|---|---|---|
| 단수 | -быныын<br>-ныныын<br>-мыныын | -ҕыныын<br>-гыныын<br>-кыныын<br>-хыныын<br>-ҥыныын | -тыныын<br>-ыныын |
| 복수 | -бытыныын<br>-пытыныын<br>-мытыныын | -ҕытыныын<br>-гытыныын<br>-кытыныын<br>-хытыныын<br>-ҥытыныын | -ларыныын<br>-тарыныын<br>-дарыныын<br>-нарыныын |

동반격의 예:

аҕам 나의 아버지 / атым 나의 말
аҕабыныын 나의 아버지와 / аппыныын 나의 말과
аҕаҕыныын 너의 아버지와 / аккыныын 너의 말과
аҕатыныын 그의 아버지와 / атыныын 그의 말과

аҕабытыныын 우리의 아버지와 / аппытыныын 우리의 말과
аҕаҕытыныын 너희의 아버지와 / аккытыныын 너희의 말과
аҕаларыныын 그들의 아버지와 / аттарыныын 그들의 말과

Аҕа*бынаан*, ийэ*бинээн* *миигин* дьиэ*бэр* кҮҮтэн олордохторо.
나의 아버지, 어머니는 나를 집에서 기다리실 것이다. *кҮҮт- 기다리다

## ❸ 대격

| | 1인칭 | 2인칭 | 3인칭 |
|---|---|---|---|
| 단수 | -бын<br>(-пын, -мын) | -ҕын<br>(-гын, -кын, -хын, -ҥын) | -тын(-ын) |
| 복수 | -бытын<br>(-пытын, -мытын) | -ҕытын<br>(-гытын, -кытын,<br>-хытын, -ҥытын) | -ларын<br>(-тарын, -дарын, -нарын) |

Мин кинигэ*ни* ыллым. 나는 책을 가져갔다(단순변화)
Мин кинигэ*бин* ыллым. 나는 자신의 책을 가져갔다(소유형 변화)
Мин оҕолор*бун* ким иитиэй 나의 아이들을 누가 키우겠는가?

※ 대격 접미사 {-н(-ын)}은 후치사 курдук(와 닮다)과 иhин(위하여) 앞에 와야 한다.

бу оҕо аҕа*тын* курдук. 이 아이는 자기 아버지와 닮았다.

норуот дьол*ун* иhин. 민중의 행복을 위하여 *дьол 행복

## ❹ 부분격

부분격 형태는 드물게 이용된다. 격 접미사 **{-та}**는 소속 접미사 바로 뒤에 오며, 그 형태는 **{-на(-нэ, -но, -нө)}**를 취한다.

| | 1인칭 | 2인칭 | 3인칭 |
|---|---|---|---|
| 단수 | -бына<br>(-пына, -мына) | -ҕына<br>(-гына, -кына, -хына, -пына) | -тына (-ына) |
| 복수 | -бытына<br>(-пына, -мытына) | -ҕытына<br>(-гытына, -кытына, -хытына, -пытына) | -ларына<br>(-тарына, -дарына, -нарына) |

Чэйги*нэ* кыратык иэhирт. 너의 차를 조금 빌려 주어라. *иэhир- 빌려주다

## ❺ 여격

여격은 가장 다양한 의미를 지닌 격으로 널리 쓰인다. 특히 동사 파생형태에 다양하게 적용된다.

| | 1인칭 | 2인칭 | 3인칭 |
|---|---|---|---|
| 단수 | -бар<br>(-пар, -мар) | -ҕар(-гар, -кар, -хар, -нар) | -тыгар (-ыгар) |
| 복수 | -бытыгар<br>(-пытыгар, -мытыгар) | -ҕытыгар<br>(-гытыгар, -кытыгар, -хытыгар, -ҥытыгар) | -ларыгар<br>(-тарыгар, -дарыгар, -нарыгар) |

Массыына сарай*ыгар* оҕо оонньуура сытара. *оонньуур 장난감, сыт- 있다
자동차 트렁크에 아이의 장난감이 있었다.

1 소유 변화형의 여격 형태는 양상어, 소사, 부사로 많이 활용된다.

эбиити*гэр* 게다가　　күнүh*үгэр* 낮에　*күнүс 낮

арды*гар* 때때로　　тиh*ҕэр* 마지막으로　*тиhэх 마지막

2 구성의 특징

인칭 표지: 단수 1인칭 {м, б, п}

2인칭 {н, ҕ, г, к, х}

격 표지:

- 단수 1, 2인칭: {-ар}
  - илим-*м-эр* 나의 그물에
  - аҕа-*б-ар* 나의 아버지에게
  - харах-*п-ар* 나의 눈에
- 단수 3인칭과 복수: {-гар}
  - аҕа-*ты-гар* 그의 아버지에게
  - аҕа-*лар-быт-ы-гар* 우리의 아버지들에게

3 단수와 복수 3인칭 **소유의 인칭** 표지의 음성적 특성:

열린 모음 а에서 닫힌 모음 ы로 바뀐다.

аҕа-*та* 그의 아버지 : аҕа-*ты-гар* 그의 아버지에게

аҕа-*лар-а* 그들의 아버지들 : аҕа-*лар-ы-гар* 그들의 아버지들에게

## ❻ 시발격

시발격은 가장 많이 이용되는 격 중 하나이다. 부분적으로 시간의 부사 등 다른 의미로 전환된 경우가 있으나, 본래의 의미와 기능은 그대로 유지되고 있다.

격 접미사 {-тан}은 변화하지 않는다.

| | 1인칭 | 2인칭 | 3인칭 |
|---|---|---|---|
| 단수 | -быттан<br>(-пыттан<br>-мыттан) | -ҕыттан<br>(-гыттан, -кыттан<br>-хыттан, -ҥыттан) | -быттан(-ыттан) |
| 복수 | -бытыттан<br>(-пытыттан<br>-мытыттан) | -ҕытыттан<br>(-гытыттан, -кытыттан<br>-хытыттан, -ҥытыттан) | -ларыттан<br>(-тарыттан, -дарыттан<br>-нарыттан) |

Дьиэлээх хотун оҕонньор*уттан* ыйытта.

집의 안주인은 자기 남편(노인)에게 물었다.

*ыйыт- 묻다, 질문하다, хотун 안주인, 아내

Хара*ҕыттан* уу таҕыста.

그의 눈에서 눈물이 흘러 내렸다. *таҕыс- 나오다

төрүө*бүттэн* дьүлэй киhи

태어날 때부터 귀가 먹은 사람

*төрүөө- 태어나다; төрүө [미래 3인칭 단수], дьүлэй 귀먹은

## ❼ 도구격

수단, 방법 등을 나타내는 의미로 자주 쓰이는 격 중 하나이다.

| | 1인칭 | 2인칭 | 3인칭 |
|---|---|---|---|
| 단수 | -бынан<br>(-пынан, -мынан) | -ҕынан<br>(-гынан, -кынан<br>-хынан, -ҥынан) | -тынан (-ынан) |
| 복수 | -бытынан<br>(-пытынан<br>-мытынан) | -ҕытынан<br>(-гытынан, -кытынан<br>-хытынан, -ҥытынан) | -ларынан<br>(-тарынан, -дарынан<br>-нарынан) |

Кини быhа*ҕынан* быс 그의 칼로 베어라. *быс- 베다; быhах 칼

Куорат суол*унан* бар 도시의 길을 따라 가라. *суол 길

Кини харандаас*тарынан* суруй 그의 연필들로 써라. *харандаас 연필; суруй 쓰다

Эhиги сылдьыбыт* суол*гутунан* кэллим.

당신의 발자취를 따라(당신이 방문했던 길을 따라) 나는 왔다.

кини эп*питинэн* 그의 말들을 따라 *эт- 말하다

билэр дьон сүбэ*лэринэн* 아는 사람들의 충고에 따라 *сүбэ 충고; дьон 사람들

ол быhыы*тынан* 그 결과로 *быhыы 모습, 특성, 행위

эн көмө*ҕүнэн* 너의 도움으로 *көмө 도움

## ❽ 비교격

격 접미사는 **{-нааҕар}**이며, 인칭과 수에 따른 모든 형태에 이 접미사가 포함된다.

| | 1인칭 | 2인칭 | 3인칭 |
|---|---|---|---|
| 단수 | -бынааҕар<br>(-пынааҕар<br>-мынааҕар) | -ҕынааҕар<br>(-гынааҕар, -кынааҕар<br>-хынааҕар, -ҥынааҕар) | -тынааҕар (-ынааҕар) |
| 복수 | -бытынааҕар<br>(-пытынааҕар<br>-мытынааҕар) | -ҕытынааҕар<br>(-гытынааҕар, -кытынааҕар<br>-хытынааҕар, -ҥытынааҕар) | -ларынааҕар<br>(-тарынааҕар,-дарынааҕар<br>-нарынааҕар) |

---

* 기본형 сырыт- '방문하다' : 일부 시제형에서 сылдь-ы-로 음운변화를 일으킨다.

Ити оҕо ийэти*нээҕэр* эбэ*тин* ордук таптыыр. *эрэ 할머니, таптаа- 사랑하다

이 아이는 자기 엄마보다 할머니를 더 사랑한다.

Вася убайы*нааҕар* ордук ытар. *убай 형, ыт- 쏘다

바샤는 자기 형보다 더 잘 쏜다.

Этиҥ этэр**инээҕэр** улахан тыас иһилиннэ.

천둥 소리보다 큰 소리가 들렸다.

*тыас 소리, 소음, этиҥ 천둥; эт- 말하다, этэр[эт-의 형동사] 소리, иһит- 듣다; иһилин- 들리다

# 3 대명사

# 3. 대명사

야쿠트어에서 대명사에는 인칭대명사, 지시대명사, 특정대명사, 의문대명사, 불특정대명사, 인칭-재귀대명사, 집합대명사, 일반대명사, 일반-부정대명사, 소유대명사가 있다.

## 인칭대명사

단수

| | 1인칭 | 2인칭 | 3인칭 |
|---|---|---|---|
| 주 격 | мин | эн | кини |
| 부분격 | - | - | - |
| 여 격 | миэхэ | эйиэхэ | киниэхэ |
| 대 격 | миигин | эйигин | кинини |
| 시발격 | миигиттэн | эйигиттэн | киниттэн |
| 도구격 | миигинэн | эйигинэн | кининэн |
| 동반격 | миигинниин | эйигинниин | кинилиин |
| 비교격 | миигиннээҕэр | эйиигиннээҕэр | кинитээҕэр |

복수

| | 1인칭 | 2인칭 | 3인칭 |
|---|---|---|---|
| 주 격 | биһиги | эһиги | кини |
| 부분격 | - | - | - |
| 여 격 | биһиэхэ | эһиэхэ | киниэхэ |
| 대 격 | биһигини | эһигини | кинини |
| 시발격 | биһигиттэн | эһигиттэн | киниттэн |
| 도구격 | биһигинэн | эһигинэн | кининэн |
| 동반격 | биһигинниин | эһигинниин | кинилиин |
| 비교격 | биһигиннээҕэр | эһигиннээҕэр | кинитээҕэр |

## 지시대명사

단수

| | 1인칭 | 2인칭 | 3인칭 |
|---|---|---|---|
| 주 격 | бу | ити | ол |
| 부분격 | - | - | - |
| 여 격 | маныаха | итиниэхэ | онуоха |
| 대 격 | маны | итини | ону |
| 시발격 | мантан | итинитэн | онтон |
| 도구격 | манан | итинэн | онон |
| 동반격 | манныын | итинниин | оннуун |
| 비교격 | маннааҕар | итиннээҕэр | онноoҕор |
| 처소격 | манна | итиннэ | онно |

복수

| | 1인칭 | 2인칭 | 3인칭 |
|---|---|---|---|
| 주 격 | балар | итилэр | олор |
| 부분격 | - | - | - |
| 여 격 | баларга | итилэргэ | олорго |
| 대 격 | балары | итилэри | олору |
| 시발격 | балартан | итилэртэн | олортон |
| 도구격 | баларынан | итилэринэн | олорунан |
| 동반격 | балардыын | итилэрдиин | олордуун |
| 비교격 | балардааҕар | итилэрдээҕэр | олордооҕор |
| 처소격 | - | - | - |

## 특정대명사

### 1. 접미사 –нык(–ник, –нук, –нүк)를 붙여 만드는 특정대명사

маннык 이런, 이와 같은

итинник 그런, 그와 같은

оннук 저런, 저와 같은

саманнык 바로 이런
ситинник 바로 그런
соннук 바로 저런

### 2. 접미사 -ча(-чэ, -чо, -чү)를 붙여 만드는 특정대명사

бачча 이 만큼의
итиччэ 그 만큼의
оччо 저 만큼의
сабачча 바로 그만큼의
ситиччэ 바로 그만큼의

## 의문대명사

ким 누구?
туох 무엇?
хас 얼마?
төhө 얼마, 어느 정도?
ханнык 어떤, 어느?
хайдах 어떤, 어떻게?
хайа 어떤, 어느?

의문대명사 기능을 수행하는 부사들:
тоҕо 왜? 무엇 때문에?
хаhан 언제?
ханна 어디서? 어디로?
ханныаха 어디까지?
хантан 어디로부터?
ханан 어디서?

의문대명사도 격에 따라 어미를 갖는다.

## 불특정대명사

불특정대명사는 소사의 도움으로 의문대명사와 합성어를 만들어 불특정성을 나타낸다.

### 1. 소사 эрэ와 함께 만드는 불특정대명사

ким эрэ 누군가
кимнээх эрэ 어떤 사람
кимнээхтэр эрэ 그 어떤
туох эрэ 무엇인가
хас эрэ 얼마든지
хаста эрэ 몇 번인가
төһө эрэ 얼마든지, 얼마나 많이
төһөлөөх эрэ 얼마나 많이
ханнык эрэ 그 어떤
хайа эрэ 그 어떤
тоҕо эрэ 왜인지, 무엇 때문인지
хаһан эрэ 언제인가
ханна эрэ 어디선가, 어디론가
хантан эрэ 어디로부터든
ханан эрэ 그 어떤 곳에서든

### 2. 소사 эмэ와 방언형 эмим(эбит)와 함께 만드는 불특정대명사

ким эмэ 누구든지
ким эмит 누구든지
кимнээх эмэ 몇몇 사람

кимнээхтэр эрэ 그 어떤.
туох эмэ 무엇이든
хас эрэ 얼마든지
хаста эрэ 몇 번인가
төһө эрэ 얼마든지, 얼마나 많이
төһөлөөх эрэ 얼마나 많이
ханнык эмэ 그 어떤, 무엇이든
ханнык эмит 그 어떤, 무엇이든
хайа эмэ 그 어떤 것이든
хайа эмит 그 어떤 것이든
хайдах эмэ 어떻게든
хас эмэ 많이
хаста эмэ 몇 번이든, 여러 번
төһө эмэ 많이
төһөлөөх эмэ 얼마나 많이
тоҕо эмэ 왜이든, 무엇 때문이든
тоҕо эмит 왜이든, 무엇 때문이든
хаһан эмэ 언제든지, 드물게
хаһан эмит 언제든지
ханна эмэ 어디든지
ханна эмит 어디든지
хантан эмэ 어디로부터든지
ханан эмэ 어떤 곳에서든지

### 3. 소사 да, даҕаны의 도움으로 만들어지는 불특정대명사

хас да 약간
хас даҕаны 약간
хаста да 몇 번
хаста даҕаны 몇 번
хастыы да 약간씩

хастыы даҕаны  약간씩

### 4. 독립적 불특정 대명사

сорох  일부의, 어떤
сорохтор  일부의, 어떤

## 인칭-재귀대명사

인칭-재귀대명사는 어간 бэйэ에 소유 접미사가 붙어 만들어진다.

бэйэм  나 자신
бэйэҥ  너 자신
бэйэтэ  그 자신
бэйэбит  우리 자신
бэйэҕит  당신들 자신
бэйэлэрэ  그들 자신

## 집합대명사

### 1. бары 모든

бары ыччат  모든 젊은이,  бары от-мас  모든 식물
оҕолор бары  아이들 모두

### 2. барыта 모든 것, 모든 사람

-та는 소유형을 나타내는 접미사이다. 이 대명사는 명사 역할도 한다.

барыта는 복수형으로도 쓰인다.

Биир киhи *барыбыт* туhугар, *барыбыт* биир киhи туhугар.

한 사람이 모두를 위하여, 모두가 한 사람을 위하여.

### 3. бүтүн 모든, 전체의

어떤 대상이 하나의 단위로 인식될 때 이 대명사가 쓰인다.

бүтүн аан дойдуга 전 세계에서 *аан 문, 입구; дойду 나라

бүтүн сыл 1년 전체

Бүтүн норуот ааттыттан махталы ыыппыт. *аат 이름; махтал 감사; ыыт- 보내다

모든 민족의 이름으로 감사를 보냈다

## 일반대명사

일반 대명사는 소사 баҕарар, барыта의 도움으로 만들어진다.

### 1. 소사 баҕарар의 도움으로 만들어지는 일반대명사

ким баҕарар 누구나, 모든 (사람)

туох баҕарар 무엇이나, 모든 (것)

төhө баҕарар 얼마라도

ханнык баҕарар 어떤 것이든, 어느 것이든

хайдахтаах баҕарар 어떤 것이든

хайата баҕарар 모든, 무엇이든

хайдах баҕарар 모든, 무엇이든

хаhан баҕарар 언제든지, 항상

ханна баҕарар 어디든지, 여기저기서

ханныаха баҕарар 어디로든

хантан баҕарар 어디로부터든

ханан баҕарар 어느 곳에서건

### 2. 소사 барыта의 도움으로 만들어지는 일반대명사

ким барыта 누구나, 모든 (사람)
туох барыта 무엇이나, 모든 (것)

### 3. хас 모든, 각각의

동음이의어로서 의문대명사 хас '얼마의?'가 있다.

Мин дойдум хас ыырын таарыйтаар. *ыыр 거주지; таарый- 방문하다
나의 조국의 모든 거주지를 방문하여라.

## 일반-부정대명사

일반-부정대명사는 긍정형 동사 구문에서는 일반대명사로, 부정형 동사 구문이나 부정 소사 суох가 있는 구문에서는 부정대명사가 된다. 이 대명사는 소사 да, дађаны의 도움을 받는다.

ким да(дађаны) (긍정) 모든, 누구든, (부정) 아무도
туох да(дађаны) (긍정) 무엇이든, 모든, (부정) 아무 것도
ханнык да(дађаны) 어떤 것이든; 아무 것도
хайдах да(дађаны) 모든; 아무 것도; 결코
хайа да(дађаны) 모든; 아무 것도
хайаан да(дађаны) 항상, 언제든; 결코; 꼭, 반드시
ханы да(дађаны) 모든; 아무 것도
хантан да(дађаны) 어디에서도

Эhиэhэ *ким да* көмөлөhүө суоҕа. 너를 아무도 돕지 않는다. *көмөлөс- 돕다
Тула *туох да* көстүбэт. 주위에 아무 것도 보이지 않는다. *көhүн- 보이다
*Кимэхэ да* таҥаhы биэриэм суоҕа. 아무에게도 옷을 (나는) 주지 않겠다.
*таҥас 옷; биэр- 주다
*Кимтэн да* кистэммэккэ олордулар. *кистээ- 숨기다
아무에게도 숨김없이 (그들은) 살았다.

## 소유대명사

### 1. 추상적 소유 관계

소유대명사는 대상의 추상적 소유 관계를 나타낸다.

миэнэ 나의
эйиэнэ 너의
киниэнэ 그의
биhиэнэ 우리의
эhиэнэ 너희들의
киниэннэрэ 그의(그에 속한)
кинилэр киэнэ 그들의
кинилэр киэннэрэ 그들의
кимиэнэ 누구의
кимиэнэй 누구의
кимиэнэ эрэ 누군가의
кимиэнэ эмэ 누구의 것이든
кимиэнэ да 누구의 것이라도, 아무의 것도
кимиэнэ баҕарар 누구의 것이라도, 아무의 것도

### 2. 소사 киэнэ

소사 киэнэ는 소속을 나타내는 방법 중의 하나이다. 이 소사는 아직 소유의 접미사로까지는 발전하지 못 하였다.

бэйэ киэнэ 자신의
бэйэм киэнэ 나 자신의
бэйэҥ киэнэ 너 자신의
бэйэтин киэнэ 그 자신의
бэйэбит киэнэ 우리 자신의
бэйэҕит киэнэ 너희들 자신의
бэйэлэрин киэнэ 그들 자신의

이밖에 소사 киэнэ는 의문-소유, 불특정-소유일반-소유, 일반-부정-소유대명사를 만드는 기능을 한다.

киим киэнэ 누구의

ким эрэ киэнэ 누구에게인가 속한

ким баҕарар киэнэ 누구에게든 속한

ким да киэнэ 모두에게 속한; 아무에게도 속하지 않은

# 4 형용사

# 4. 형용사

## 성질 형용사

### 1. 성질 형용사의 특성

이 형용사는 사물의 질이나 특성을 나타내며, 다음과 같이 구분된다.

❶ 감각기관에 의해 인지되는 자질을 의미하는 형용사들.

кыhыл 아름다운, ыар 무거운, аhыы 쓴, 신, 짠

❷ 명사와 동사 어간에 접미사 -мсах, -(ы)гас, -аҕас, -ыган, -ҕар, -хай, -ҕай, -(ы)мтаҕай, -ымтыа, -ыык, -с, -к 등을 갖는 형용사들

### 2. 성질 형용사의 문법적 특성

❶ 강조형이나 강조어 олус, наhаа '매우' 등을 가질 수 있다.

аhыы 쓴, 신, 짠 : ап-аhыы 매우 쓴, 신, 짠

ыраас 깨끗한 : ып-ыраас 아주 깨끗한

хара 검은 : хап-хара 아주 검은

уhун 긴 : олус уhун 아주 긴

хойуу 짙은 : наhаа хойуу 아주 짙은

❷ 대부분의 성질 형용사는 접미사 -тык, -лык, -нык, -дык을 붙여 부사를 만들 수 있다.

кыра 작은 : кыратык 작게, 약간
суhал 민첩한, 재빠른 : суhаллык 민첩하게, 지급으로
дохсун 건방진, 불손한 : дохсуннук 건방지게, 불손하게
баай 부유한 : баайдык 부유하게

❸ 동사를 파생시킬 수 있다.

тэҥ 동등한 : тэҥнээ- 비교하다, 평탄하게 하다
босхо 자유의 : босхолоо- 해방시키다, 놓아주다
ыар 무거운 : ыараа- 무거워지다
көп 부드러운 : көбөө- 부드럽게 되다
халыҥ 두꺼운, 뚱뚱한 : халыҥаа- 뚱뚱해지다
уйан 약한 : уйарҕаа- 어려움을 견디지 못하다, 약함을 느끼다

## 3. 의미에 의한 분류

❶ 사물의 색이나 동물의 털 색깔

маҥан 흰, кыһыл 빨간, күөх 파란, 녹색의, 푸른
ала (말이)얼룩 반점이 있는, кэрэ 아름다운, 회색의
сиэр (말이) 적갈색 털에 검은 갈기와 꼬리를 가진
тураҕас (말의) 털이 밤색인, хара (말이) 흑색, 청색의
күрэҥ 갈색의, 밤색털의, эбириэн 반점이 있는, эриэн 얼룩의

❷ 맛의 특성

аһыы 쓴, 신, 짠, минньигэс 달콤한, 맛있는, ньулуун 시지 않은
курас 떫은

❸ 무게, 크기

ыарахан 무거운, чэпчэки 가벼운, улахан 큰, кыра 작은
орто 중간의

❹ 온도

итии 뜨거운, 무더운, ичигэс 따뜻한, сөрүүн 시원한, тымныы 추운

❺ 신체적 장애에 관한 형용사

доҕолоҥ 다리를 저는, балай 눈이 먼, дьүлэй 귀가 먼
ньохчоҕор 곱사등의

❻ 겉모양에 관한 형용사

төгүрүк 둥근, хаптаҕай 평평한, ньолбуһах 가늘고 긴
халыҥ 뚱뚱한, 두꺼운

❼ 심리적 성격에 관한 형용사

өһөс 고집 센, эйэҕэс 공손한, аһыныгас 연민의 정이 깊은
ataax 응석꾸러기의, көрсүө 겸손한, куттас 비겁한, 소심한
бардам 건방진, 뻔뻔스러운, мөдөөн 기력이 없는, сэмэй 겸손한

❽ 사물에 대한 질적 평가

саҥа 새로운, эргэ 낡은, үчүгэй좋은, куһаҕан 나쁜, чэгиэн 신선한
эдэр 젊은, эмис 기름진, 뚱뚱한, көтөх 여윈, 마른

❾ 사람이나 동물의 외적 특성

аллаҕар 입이 벌어진, арбаҕар 쭈글쭈글한, 헝클어진
багдаҕар 어깨가 넓은, сынтаҕар 들창코의, маадьаҕар 다리가 굽은

❿ 소리의 특성

бааҕынас (목소리가) 낮은, 저음의, бааһырҕас 웅웅거리는
баллырҕас (끈적하거나 기름진 덩어리에 관해) 질퍽한
көөҕүнэс 목이 잠긴, (소리가)굵은, курулас 아우성치는
кыҥкынас 섬세하게 울리는

⓫ 애착, 기호, 습관, 경향에 관한 형용사

оҕомсох 사식을 사랑하는, этимсэх 고기를 좋아하는

балыгымсах 생선을 좋아하는, барымтыа 끓인
сойумтуо 빨리 식는 тулуйумтуо 끈기있는
таайыгас 통찰력 있는, 이해력 있는

# 관계 형용사

## 1. 관계 형용사의 특성

관계 형용사는 시간, 장소, 소재지, 소속을 나타내는 의미를 가진다. 이 형용사는 명사나 부사적 어간에 접미사 -тааҕы, -лаах, -ҥы 등이 붙어 파생된다.

❶ 관계 형용사는 다음과 같은 제약을 갖는다.

1) 관계 형용사는 кып, хап, кыбыс와 같은 유형의 강조형을 갖지 못한다.
   кып-кыһыл 새빨간, 아주 빨간
   хап-хара 아주 검은
2) 관계 형용사는 부사적 기능을 갖지 못한다.
3) 관계 형용사에서는 동사와 부사가 파생되지 않는다.

❷ 관계 형용사는 의미상 다음과 같이 구분된다.

1 시간과 관계된 형용사
   саас 봄 - саас*кы* 봄의
   күһүн 가을 - күһүҥ*нү* 가을의
   сайын 여름 - сайыҥ*ны* 여름의
   кыһын 겨울 - кыһыҥ*ны* 겨울의
   бүгүн 오늘 - бүгүҥ*нү* 오늘의
   сарсын 내일 - сарсыҥ*ны* 내일의

2 장소와 관련된 형용사
   үрүт 위, 상부 - үрдүкү 위의, 상부의
   алын 밑, 아래 - анныкы 아래의, 하부의
   илин 앞, 전면 - инники 앞의
   кэлин 뒤, 후방 - кэнники 뒤의, 후방의

орто 중간 - ортоку 중간의

3 소재지와 관련된 형용사

куорат 도시 - куораттаађы 도시의

ойуур 숲 - ойуурдааҕы 숲의

### 2. 인칭 어미(조사)

관계 형용사가 술어로 쓰일 때에는 **인칭 어미(조사)**가 붙는다.

Мин оҕол**оох***пун*. 나는 아이가 있다.

Эн убай**даах***хын*. 너는 형이 있다.

Кинилэр эдьиий**дээх***тэр*. 그들은 누나가 있다.

| | 아이가 있는 | 아버지가 있는 | 가족이 있는 | 아내가 있는 |
|---|---|---|---|---|
| | оҕо*лоох* | аҕа*лаах* | кэргэн*нээх* | ойох*тоох* |
| Мин | оҕо*лоох*-пун | аҕа*лаах*-пын | кэргэн*нээх*-пин | ойох*тоох*-пун |
| Эн | оҕо*лоох*-хун | аҕа*лаах*-хын | кэргэн*нээх*-хин | ойох*тоох*-хун |
| Кини | оҕо*лоох*-# | аҕа*лаах*-# | кэргэн*нээх*-# | ойох*тоох*-# |
| Биһиги | оҕо*лоох*-пут | аҕа*лаах*-пыт | кэргэн*нээх*-пит | ойох*тоох*-пут |
| Эһиги | оҕо*лоох*-хут | аҕа*лаах*-хыт | кэргэн*нээх*-хит | ойох*тоох*-хут |
| Кинилэр | оҕо*лоох*-тор | аҕа*лаах*-тар | кэргэн*нээх*-тэр | ойох*тоох*-тор |

## 강조 또는 지소형 형용사

### 1. 상태의 정도

성질 형용사는 상태의 정도를 표현할 수 있다. 이것은 강조형, 또는 형용사 어간의 중첩이나 반복을 통해 전달된다. 강조형은 예외성이나 특이성을 나타낸다.

хап-хара харах 아주 검은 눈동자

ып-ыраас халлаан 아주 깨끗한 하늘

❶ 형용사 어간의 첫 번째 음절의 반복

어간이 자음으로 시작되면, 순음 п를 덧붙여 첫 번째 폐쇄음절을 중첩한다.

хап-хара 아주 검은, хоп-хойуу 아주 짙은

❷ 어간이 모음 또는 이중모음으로 시작되면, 강조형은 어간의 첫 번째 모음과 순음 п로 구성된다.

ап-аhыы 아주 쓴, ып-ыыраас 아주 깨끗한, уп-ууллаҕас 완전히 녹는

ып-ыарахан 아주 무거운

❸ -ыс(-ис, -ус, -үс)를 덧붙여 2음절 강조형도 자주 이용된다.

тыбыс-тымныы 아주 차가운, кубус-кураанах 아주 건조한

көбүс-көнө 아주 직선적인, 아주 평평한

1음절 강조형과 2음절 강조형이 의미적으로는 아무 차이도 보이지 않는다.

ип-итии = ибис-итии

❹ 강조형 두 번째 음절에 -ры(-ри, -ру, -рү)를 덧붙일 수도 있다. 이것은 비유적 동사로부터 만들어진 형용사 앞에 놓인다.

хары-хантаҕар 머리가 아주 굳은

чуру-чулбугур 끝이 아주 뾰족한

бөрү-бөкчөгөр 등이 아주 굽은

❺ 강조형에 자음 -с(-ч), -н이 이용되기도 한다.

суос-соҕотох(суоч-соҕотох) 아주 고독한

суос-сатыы(суоч-сатыы) 아주 느린

бүүс-бүтүн 전부 무사한

уун-утары 맨 앞의

❻ 어간을 반복하거나 소사 да를 이용하여 강조를 나타낼 수도 있다.

хара-хара 아주 검은(검고 검은)

уhун-уhун 아주 긴(길고 긴)

уhун да уhун 길고 긴

## 2. 지소형

❶ 접미사 -тыҥы : 질적 불완전성을 가리킨다.

кыра 작은 : кыратыҥы 자그마한

саһархай노란 : саһархайдыҥы 노르스름한

кыһыл 빨간 : кыһыллыҥы 발그스레한

күөх 푸른, 파란 : күөхтүҥү 푸르스름한

❷ 접미사 -сыар : 불충분함을 나타낸다.

барбах 나쁜 : барбахсыар 약간 나쁜

мөлтөх 약한 : мөлтөһүөр 좀 약한

орто 중간의, 만족한 : ортоһуор 좀 나쁜

күрэҥ 갈색의(갈기) : күрэҥсиэр 약간 갈색의

мэник 장난 : мэниксиэр 장난끼가 있는

❸ 접미사 -чаан : 지소적 애칭형

кыра 작은 : кырачаан

үчүгэй 좋은 : үчүгэйкээн

кылгас 짧은 : кылгасчаан

# 부정형

부정형은 **소사 суох**에 의해 표현된다. 이때 형용사에는 소유형 3인칭 단수 어미 -та, -а가 붙는다.

улахан 큰 : улахана суох 크지 않은

ыраас 깨끗한 : ырааһа суох 깨끗하지 않은

минньигэс 맛있는 : минньигэһэ суох 맛이 없는(=сымах)

уһун 긴 : уһуна суох 길지 않은(= кылгас)

명사에 접미사 -лаах를 붙여 파생된 형용사는 부정형에서 접미사를 갖지 않는다.

саалаах 총을 가진 : саата суох 총이 없는

күүстээх 힘이 있는 : күүhэ суох 힘이 없는

부정형이 있는 구문에서 부정형은 문장의 한 성분으로 간주된다.

*кырдьаҕаhа суох* киhи 늙지 않은 사람 *кырдьаҕас 늙은

Мин *хоргуhа суохпун.* 나는 소심하지 않다. *хоргус 소심한, 겁많은

## 형용사 조어 방법

### 1. 명사 어간으로부터

#### ❶ 접미사 -мсах(-ымсах)

아주 생산적인 접미사이다.

1 음식에 대한 기호를 표현

этимсэх 고기를 좋아하는, балыгымсах 생선을 좋아하는

2 감정적 거리를 표현

аҕамсах 아버지를 사랑하는, оҕомсох 아이들을 사랑하는

3 행동 양식이나 습관

бэйэмсэх 이기적인 *бэйэ 자기 자신

сылаамсах 빨리 피로해지는 *сылаа 피곤

куттамсах 비겁한 *куттаа- 위협하다, 겁주다

#### ❷ 접미사 -тааҕы(-дааҕы, -нааҕы, -лааҕы)

1 소재지

куорат 도시 : куораттааҕы 도시의

ойуур 숲 : ойуурдааҕы 숲의

тыа 타이가 : тыатааҕы 타이가의

манна 여기 : маннааҕы 여기의

онно 저기 : онноогу 저기의

чугас 가까운, 가까이 : чугастааҕы 가까이 있는

ыраах 먼, 멀리 : ыраахтааҕы 멀리 있는

2 시간(월, 시간, 계절)

олунньу 2월 : олунньутааҕы 2월의

муус устар 4월 : муус устардааҕы 4월의

өр 옛날에 : өрдөөҔҮ 옛날의

өтөр 곧, 얼마 전에 : өтөрдөөҔҮ 얼마 전의

### ❸ 접미사 -гы(-кы, -ҥы)

1 시간과 계절

саас 봄 : саас*кы* 봄의

күһүн 가을 : күһүҥ*ҥү* 가을의

сайын 여름 : сайыҥ*ҥы* 여름의

кыһын 겨울 : кыһыҥ*ҥы* 겨울의

бүгүн 오늘 : бүгүҥ*ҥү* 오늘의

сарсын 내일 : сарсыҥ*ҥы* 내일의

аны 지금 : аныгы 지금의

2 장소 의미

үрүт 위, 상부 : үрдү*кү* 위의, 상부의

алын 밑, 하부 : анны*кы* 밑의 , 하부의

илин 앞 : инни*ки* 앞의

кэлин 뒤 : кэнни*ки* 뒤의

орто 중간 : орто*ку* 중간의

хоту 북 : хотугу 북쪽의

соҕуруу 남 : соҕурууну 남쪽의

3 접미사 -лаах(-даах, -наах, -таах)

оҕо 아이 - оҕолоох 아이가 있는

аҕа 아버지 - аҕалаах 아버지가 있는

ийэ 어머니 - ийэлээх 어머니가 있는

кэргэн 배우자 - кэргэннээх 배우자가 있는

ойох 여자 배우자 - ойохтоох 여자 배우자가 있는

уол 아들 - уоллаах 아들이 있는

кыыс 딸 - кыыстаах 딸이 있는

дьиэ 집 - дьиэлээх 집이 있는

убай 형 - убайдаах 형이 있는

эдьиий 누나 - эдьиийдээх 누나가 있는

быраат 남동생 - быраатгаах 남동생이 있는
аймах 친척 - аймахтаах 친척이 있는

## 2. 동사 어간으로부터

### ❶ 접미사 -(ы)гас

동사가 의미하는 습관, 경향, 특이성 등을 나타낸다.

кимистигэс 움푹한, хотостугас 오목한

동사 기본태로부터:

ыл- 가져가다 : ылыгас 좀도둑의
бул- 발견하다 : булугас 재치, 기지가 있는
тап- 명중하다 : табыгас 조준이 정확한, 적확한

동사 재귀태로부터:

кыбыһын- 부끄러워하다 : кыбыстыгас 부끄럼 타는, 내성적인

### ❷ 접미사 -аҕас

생산성이 그리 높지는 않다.

ас- 열다 : аһаҕас 열린, 개방된
быс- 자르다 : быһаҕас 다 차지 않은, 불충분한

사람의 성격을 나타내는 형용사를 만든다.

куттаа- 겁주다 : куттаҕас 비겁한, 소심한
сыһын- 가까이 되다 : сыстаҕас 사교적인, 붙임성 있는
иин- 여위다 : иинэҕэс 마른, 여윈
кырый- 늙다 : кырдьаҕас 늙은

### ❸ 접미사 -(ы)ган

어간이 자음으로 끝나는 동사에 붙는다.

аас- 지나가다 : aaһыган 빨리 지나는, 순간적인
умун- 잊어버리다 : умнуган 잘 잊는, 건망증의
бул- 찾다, 발견하다 : булуган 찾기를 잘 하는

көр- 보다 : көрүгэн 눈이 좋은

иһит- 듣다 : истигэн 순종적인

эт- (종이)울리다 : этигэн 금속성의, 낭낭한

### ❹ 접미사 -ҕар

상당히 생산적인 접미사로 어간이 -ай로 끝나는 동사에 붙는다.

аллай- 널리 알려지다, 드러나다 : аллаҕар 폭로된

халай- 곁눈질하다 : халаҕар 사팔뜨기의

### ❺ 접미사 -ҕай(-ҕой), -гэй(-гой)

어간이 й로 끝나는 동사에 붙는 접미사로 생산적이지는 않다.

хаптай- 평평하게 되다 : хаптаҕай평평한

동사와 관계없이 형용사만 존재하는 것들이 있다.

аламаҕай 빛나는, 밝은, 온화한

дьалаҕай 부주의한

хапсаҕай 재빠른

### ❻ 접미사 -(ы)мтаҕай, -(и)мтэҕэй, -(у)мтаҕай, -(ү)мтэҕэй

기호, 습관, 행동의 특성 등을 나타낸다.

аһын- 동정하다 : аһыныымтаҕай 동정적인, 연민의

абар- 초조해지다, 화내다 : абарымтаҕай초조해지기 쉬운, 곧잘 흥분하는

재귀형 동사들의 경우 수축된 형태가 주로 쓰인다.

сиргэн- 꺼리다, 놀라다 : сиргэмтэҕэй(сиргэнимтэҕэй 대신) 꺼리는, 혐오하는, 놀라는, 겁많은

### ❼ 접미사 -(ы)мтыа

상당히 많이 쓰이는 접미사로 어간이 자음으로 끝나는 동사에 붙는다. 기호, 능력을 나타낸다.

бул- 발견하다 : булумтуо 발견할 수 있는

көр- 보다 : көрүмтүө 모든 것을 볼 수 있는

иһит- 듣다 : истимтиэ 모든 것을 들을 수 있는

### ❽ 접미사 -ЫЫК

상당히 생산적인 접미사로서 자음 어간에 붙는다.

기호, 애착, 동물의 습성을 나타낸다.

кэй- (뿔로) 받다 : кэйиик 뿔로 받는
сиэл- 속보로 달리다 : сэлиик 속보로 달리는, 쾌주하는

사람들의 습관을 나타내기도 한다.

аhын- 동정하다 : аhыныык 동정적인, 연민의
көрдөс- 부탁하다 : көрдөhүүк 부탁을 잘 하는
күл- 웃다 : күлүүк 웃기 잘 하는
туhун- 싸운다 : тустуук 싸움 잘 하는

### ❾ 접미사 -С

상당히 생산적인 접미사로 의성동사에 자주 쓰인다.

бааҕынаа- 낮고 굵은 소리를 내다 : бааҕынас (소리가) 낮고 굵은

행위동사나 상태동사에도 붙는다.

аҥардаа- 반으로 나누다 : аҥардас 외로운
көмүскээ- 방어하다 : көмүскэс 방어할 준비가 되어 있는
кылгаа- 짧아지다 : кылгас 짧은
кырбаа- 잘게 자르다 : кырбас 잘게 자른, 깎은
соноо- 살찌다 : сонос 살찐

### ❿ 접미사 -ННЬАҤ, -ННЬЭҤ

생산적 접미사로 기본형이나 재귀형에 붙는다.

특별한 능력이나 기호를 나타낸다.

аhаа- 먹다 : аhанньаҥ 많이 먹을 수 있는
биэр- 주다 : биэриннньэҥ 관대한, 착한
киир- 들어가다 : кииринньэҥ 응접의
харыстаа- 아끼다, 저축하다 : харыстанньаҥ 검소한, 절약하는

### ⓫ 접미사 -к(-ык), -х(-ах)

많이 쓰이지는 않는다. 접미사 -к(-ык)는 -й로 끝나는 어간에, 접미사 -х(-ах)는 장모음으로 끝나는 어간에 붙는다.

астый- 영양분이 되다 : астык 영양분 있는, 좋은
итир- 술 취하다 : итирик 술 취한
элбээ- 증대되다 : элбэх 많은
аҕыйаа- 적어지다 : аҕыйах 적은

## 3. 비생산적인 접미사들

### ❶ 접미사 -л

кыыс- 아름다워지다 : кыһыл 아름다운
наҕыл 조용한, суһал 빠른

### ❷ 접미사 -аан(-оон)

бытаан 느린, мөдөөн 느린, бараан 검은, баһаан 풍부한
хабараан 단단한, 굳은, томороон 큰, 거친

### ❸ 접미사 -ба

сыыл- 기다 : сыылба 시든, 느린
тал- 선별하다 : талба 선별된

### ❹ 접미사 -мах(-бах)

таай- (수수께끼를) 풀다 : таамах 수수께끼의
саарбах 불충분한, 불가능한, 의심스러운
көт- 뛰어넘다 : көтүмэх 표면상의, 좋지 않은

### ❺ 접미사 -м

харай- 보관하다, 저축하다 : харам 절약하는, 검소한
ык- 강요하다 : ыгым 화 잘 내는, 성미 급한

### ❻ 접미사 -аайы

куур- 마르다, 여위다 : кураайы 마른, 건조한

тот- 배 불리 먹다 : тотоойу 배부른

### ❼ 접미사 -(үө, иэ, аа)нах

бөһүй- 녹다, 얼기 시작하다 : бөһүөнэх 약간 언

ир- 녹다 : ириэнэх 녹는

куур- 마르다, 건조해지다 : кураанах 마른, 빈

### ❽ 접미사 -ыын

амырыын 무서운, 엄격한

көһүй- 굳다, 딱딱해지다 : көһүүн 딱딱한, 경직된, 거친

намыын 부드러운, 조용한, 섬세한

ньулуй- 짜지/시지/쓰지 않게 되다 : ньулуун 짜지 않은, 시지 않은, 쓰지 않은

хоһуун 진지한, 원기왕성한, 정력적인

### ❾ 접미사 -а

көн- 똑바르게 되다 : көнө 똑바른, 똑같은

ыгыс- 서로 밀치다, 붐비다 : ыкса 가까운, 밀접한

### ❿ 접미사 -мар

соһуй- 움찔하다, 무서워하다 : соһумар 갑작스러운, 예기치 못한

сөх- 놀라다 : сөҕүмэр 놀랄 만한

### ⓫ 접미사 -ҥы

дьадай- 가난해지다 : дьадаҥы 가난한, 불쌍한

дөй- 귀가 멀다 : дөйүҥү 귀가 먼

саараа- 의심하다, 결심을 못하다 : саараҥы 우유부단한, 의심쩍은

# 5 부사

# 5. 부사

## 한정부사

### 1. 수량 부사

❶ 비 파생형 : арыый, арыычча '겨우', наhаа 매우,
балай да, балачча '충분히', ончу '완전히, 전혀', адьас '완전히, 전혀',
ыыра '완전히, 전혀', нэhиилэ '겨우, 간신히', вовсе '완전히, 전혀'

❷ 파생형

1 수사로부터 접미사 -та, -ын과 함께:
биирдэ '한 번, 언젠가', биэстэ '다섯 번', ағыста '여덟 번',
иккиhин '두 번째로', бэсиhин '다섯 번째로'

2 접미사 -тык과 함께:
ағыйахтык '약간', элбэхтик '많이', улаханнык '세게, 크게',
кэбиэхтик '쉽게'

Кыыс *балай да* таалан сытта.
여자애가 오랫동안 꼼짝 않고 누워 있었다. *таала- 얼어붙다; сыт-누워있다
Хаалбыт дьон *баллачча өр* санаата суох турбахтаатылар.
남아있는 사람들은 아주 오래 말하지 않고 서 있었다.
*тур- 서있다; турбахтаа- [촉진태]
Ыалдьыттар *ыкса* киэhэ тарҕастылар.
손님들이 늦은 저녁에 흩어졌다. *тарҕас- 흩어지다

## 2. 행위 부사

### ❶ 비 파생형

кырдьык 아마, 사실상, сыыһа 실수로, чахчы 사실상,
илэ 분명히, тайком 남몰래, дьылы 모르게, мүлчү 살짝
супту 시종, 처음부터 끝까지, сатыы 걸어서, аргыый 조용히, 등.

### ❷ 파생형

1 명사로부터 접미사 -лыы와 함께:

сахалыы 야쿠트 말로, таастыы 돌처럼, эһэлии 곰처럼
чугастыы 근처에, билэрдии 알고 있어서

2 형용사로부터 접미사 -тык과 함께:

үчүгэйдик 좋게, 잘, куһаҕанньык 나쁘게, ыраастык 깨끗이
сэниэлээхтик 정력적으로,

3 동사와 접미사 -ччы, -чы, -ы의 결합:

эргиччи 둥글게, дэлэччи 풍부하게, таҥнары 거꾸로,
туруору 수직으로, сытыары 수평으로

4 접미사 -а(-ыы)를 가진 부사:

тиэрэ 뒤집어서, быһа 앞으로, холбуу 함께, тэҥнии 같은 크기로

5 중첩 부사

хат-хат 반복해서, 되풀이해서, субу-субу 빈번히, үрүтүн-үөһэ 매번
сыыра-саары 더 빨리, сыыйа-баайа 서서히, 천천히,
үрэй-сарай 뿔뿔이, 흩어져서, түн-таҥ 무질서하게,
абына-табына 산산이, 여기저기

Мин *алҕас* эппиппин. 내가 잘못 말했다.
Кини сахалыы *ыраастык* саҥарар. 그는 사하 말을 유창하게 말한다.
Кэнники *аа-дьуо* кэпсэтэн иһиэхпит. 나중에 조용히 말합시다
(*аа-дьуо* 천천히, 조용히; кэпсээ- 이야기하다; ис- 1. 가다, 움직이다,
2. 부동사(-ан)과 함께: 계속, 반복의 의미)

# 상황 부사

## 1. 장소 부사

манна 여기, онно 저기, бэттэх 이쪽에서/으로, антах 저쪽에서/으로, мантан 이리로, итинтэн(онтон) 저리로, ыраах 멀리, чугас 가까이, ыкса 가까이, 충분히, киэр 떨어져, 저쪽에, уҥуор 반대쪽, 건너편, дэли 여기저기에서, ойуччу 외딴 곳에, манан 이곳을 따라, аара 도중에

> *Чугас* ыал баар. 가까이 주거지가 있다.
> Охоноос туран, Лухаҕа *ыкса* кэлэр.
> Afonos는 일어나서 Luka에게 <u>가까이</u> 다가간다.
> *Аара* икки ыал баар. <u>도중에</u> 2채의 집이 있다.

## 2. 시간 부사

### ❶ 월 이름

| | 월 | 월에 | 뜻 |
|---|---|---|---|
| 1 | тохсунньу | тохсунньуга | тоҕус 9번째 |
| 2 | олунньу | олунньуга | уон 10번째 |
| 3 | кулун тутар | кулун тутарга | кулун 망아지, тут 잡다 |
| 4 | муус устар | муус устарга | муус 얼음, уһун 헤엄치다 |
| 5 | ыам ыйа | ыам ыйыгар | ыам 물고기 산란, ый월, 달 |
| 6 | бэс ыйа | бэс ыйыгар | бэс 소나무, |
| 7 | от ыйа | от ыйыгар | от 풀(베기) |
| 8 | атырдьах ыйа | атырдьах ыйыгар | атырдьах 갈퀴 |
| 9 | балаҕан ыйа | балаҕан ыйыгар | балаҕан 유르타 |
| 10 | алтынньы | алтынньыга | алта 6번째 |
| 11 | сэтинньы | сэтинньыгэ | сэттэ 7번째 |
| 12 | ахсынньы | ахсынньыга | аҕыс 8번째 |

## ❷ 요일

| | 요일 | 요일에 |
|---|---|---|
| 월 | бэнидиэнньик | бэнидиэнньик*ка* |
| 화 | оптуорунньук | оптуорунньукка |
| 수 | сэрэдэ | сэрэдэ*ҕэ* |
| 목 | чэппиэр | чэппиэр*гэ* |
| 금 | бээтинсэ | бээтинсэ*ҕэ* |
| 토 | субуота | субуота*ҕа* |
| 일 | өрөбүл / баскыһыанньа | өрөбүл*гэ*/баскыһыанньа*ҕа* |

## ❸ 시간의 부사

| | |
|---|---|
| сарсыарда | 아침 |
| күн | 낮 *күнүс 낮에 |
| киэһэ | 저녁 |
| түүн | 밤 *түүгнэри, түүн 밤에; хойуукка дылы 밤 늦게까지 |
| билигин | 지금 |
| хойут | 다음에, 늦게 |
| тута | 당장 |
| сотору | 곧 |
| куруук | 항상 |
| күн аайы | 매일 |
| эрдэ | 일찍 |
| хойуутук(또는 чаастатык) | 자주 |
| сэдэхтик | 드물게 |
| онтон(또는 кэлээччи) | 다음에 |
| ол кэнниттэн | 그 후 |
| өссө | 아직, 이미 |
| иннинэ | 전에 |
| мантан | 이때부터 |
| кэнники | 다음에 |

| | |
|---|---|
| бүгүн | 오늘 |
| сарсын | 내일 |
| бэҕэһээ | 어제 |
| өйүүн | 모레 |

| | |
|---|---|
| иллэрээ күн | 그저께 |
| | |
| быйыл | 금년 |
| эһиил | 내년 |
| былырыын | 작년 |
| былыр | 옛날, 과거 |
| өрдөөнүтэ | 과거에 |
| өрдөөҕү | 먼 옛날에 |
| соторутааҕы | 얼마전, 방금 |
| | |
| төгүрүк сыл | 일 년 내내 *төгүрүк 원, 모든 |

Кини *бэрт хойут* уһугунна. 그는 아주 늦게 잠을 깨었다.

## 3. 동기 부사

соруйан 일부러, 고의로, дьоҕойон 헛되이, 목적 없이, мээнэ 쓸데없이, 무의미하게, мэнээк 공연히, 쓸데없이, дьүгээр 함부로, 헛되이, бостуой 함부로, 헛되이

접미사 -бычча를 동사에 붙여 '~을 이유로, 핑계로'라는 의미의 부사를 만든다.

кэлбиччэ 그가 오는 걸 계기로
көрсүбүччэ 만남을 계기로
сылайбычча 피곤함을 구실로

Ким да *мээнэ* олорон хаалбат.
아무도 일없이 앉아 있지는 않는다.
*хаал- 있다, 남다; -ан 부동사와 결합하여 '지속'의 의미

Кыыс оҕо дьолунан *санаабычча* оонньуур сатаммат.
여자 아이의 행복을 이유로 장난쳐서는 안 된다.
*дьол 행복, санаа 생각; санаа- 생각하다, оонньуу 장난, 농담,
оонньуур 장난감, сатаа- 1. 할 수 있다, 2. 시도하다

### 4. 인사와 감사의 표현

нөрүөн нөргүй! 안녕하십니까?

дорообо! 안녕!

үтүө сарсыарда(нан)! 좋은 아침!

үтүө күн! 좋은 하루!

үтүө киэhэ! 좋은 저녁!

үчүгэйдик утуй! 안녕히 주무세요!

көрсүөххэ диэри! 만날 때까지!

баhыыба! 감사합니다.

улахан махтал! 대단히 감사합니다. *махтал 감사

махтанабун! 감사합니다. *махтан- 감사하다

көмөҥ иhин махтанабын! 도움에 대해 감사합니다.

үтүө санааҥ иhин махтанабын! 고려해 주신데 대해 감사합니다.

*үтүө 좋은, санааҥ 생각

## 부사의 형성

### 1. 동사에서 형성되는 부사

❶ 접미사 -ы(-и, -у, -ү)

일부 사역동사나 촉진동사로부터 행위부사가 형성된다.

утары 반대로 *утар- 저항하다, 거스르다

сытыары 수평으로, 눕혀서 *сытыар- 눕히다, 조정하다

туруору 수직으로, 세워서 *туруор- 세우다

ситэри 완전히, 끝까지 *ситэр- 끝까지 가다, 끝장내다

тобулу 관통하여, 시종 *тобул- 뚫다, 관통하다

이 부사들은 형용사로도 쓰인다.

утары дьиэ 맞은 편 집, туруору балаҕан 위로 세운 천막집

толору иһит 가득한 음식

## ❷ 접미사 -чы(-чи, -чу, -чү)

이 접미사는 의성 동사나 일부 다른 동사들로부터 부사를 만든다.

нэлэччи 넓게

*ааны нэлэччи ас* 문을 활짝 열다

*ас- 1. 열다, *нэлэй- 널리 퍼지다, 전개되다

арылыччы 솔직하게, 분명하게 *арылый- 널리 드러나다

*арылыччы көрөн кэбистэ* (그는) 눈을 크게 뜨고 보았다

*көр- 보다, кэбис- 1. 던지다, 2. (-ан 부동사와) '끝까지' 의미 조동사

алчаччы 넓게 벌리고서 *алчай- 양쪽으로 벌리다

*алчаччы тэбинэн турар* 발을 넓게 벌리고 서 있다

*тэбин- 두 발로 버티다, 지탱하다

сыҕарыччы 옆으로 비켜서서

*сыҕарыччы ас* 옆으로 밀다

*ас- 2. 밀다, *сыҕарый- 비켜서다

лоҥкуначчы 메아리쳐, 울려 *лоҥкунаа- 메아리치다, 반향을 울리다

*лоҥкуначчы тоҥсуй-* 크게 노크하다

курулаччы 아우성치며 *курулаа- 아우성치다, 크게 소리 지르다

*Самыыр курулаччы түстэ* 비가 엄청나게 쏟아졌다

тимирчи ас- 밑으로 밀다, 가라앉히다 *тимир- 가라앉다, 떨어지다

олорчу уур 뉘여서 쌓다 *олор- 앉다

## ❸ 접미사 -дыы(-тыы)

이 접미사는 명사 파생 부사 접미사 -лыы의 음성적 대체형이다. 이것은 동사 현재와 과거시제형으로부터 부사를 만든다. 이 접미사를 가진 부사는 현대어에서 많이 쓰인다.

*Барардыы* тэриниҥ. 떠날 준비를 해라.

*тэрий- 조직하다, 준비하다, тэрин- [재귀형]

*Өлбүттүү* утуйдум. 나는 죽은 듯이 잠들었다. *өл- 죽다

*Кыайбыттыы* саҥарар. 그는 승리자처럼 느낀다. *кыай- 할 수 있다, 승리하다

эрэммэтэхтии 확신없이 *эрэн- 희망하다

сэрэммиттии 주의깊게 *сэрэн- 주의하다

ахсарбаттыы 흥미 없이, 관심 없이

### ❹ 접미사 -бычча(-пычча, -мычча)

이 접미사는 접미사 -быт(과거시제 형동사형)과 -ча(бачча, уонча와 같은 어휘에서 보게 되는 접미사)의 결합형이다. 이것은 형동사와 부사 사이의 과도기적 형태로 구어와 문학어에서 아주 널리 쓰인다. 행위의 이유나 동기를 나타내는 부사로 쓰인다.

*Көрсүбүччэ* кэпсэтиэх 만났으니까 이야기 하자
*Санаабычча* саҥарбат буол 생각나는 대로 다 말하지 마라
*Кыыһырбычча* тыллаһар 그는 심술이 나서 말하고 있다

### ❺ 접미사 -ыахча(-иэхчэ, -уохча, -үөхчэ)

이 접미사는 미래시제 형동사형 접미사 -ыах와 비생산적 부사 접미사 -ча의 결합형이다. 이 접미사형 부사는 전형적 부사로 간주하기 어려운 면이 있다.

이 접미사 부사는 행위가 완수될 준비가 되어 있거나 거의 그렇게 될 것 같은 행위를 나타내는 데 쓰인다.

다른 부사들과 달리 이 부사들은 다른 동사에 보조적 역할을 하지 않는다. 이것은 동일한 행위를 나타내는 복합 동사의 주성분으로 이용된다.

이 부사는 긍정문과 부정문에 따라 의미적 구분이 된다.

1. 긍정문에서 조동사 буол-'이다, 되다'와 함께:

Уруок *бүтүөхчэ* буолла 수업이 곧 끝나간다. *бүт- 끝내다
Уруок *бүтүөхчэ* буолан эрдэҕинэ 수업이 이미 끝날 때가 되었다.
*эр- 조동사, -ан 부동사를 주동사로 지속적 행위의 시작을 나타낸다.

조동사 буол- 대신 гын-'하다'가 쓰일 수도 있다.

*ситиэхчэ* гынан эрдэхпинэ 나는 이미 완전히 따라 잡았다. *сит- 따라잡다

2. 부정문에서 동사의 부정형과 함께 행위의 종료를 의미한다. 이때 자음 ч 대신 т(-ыахта)가 이용된다.

Кинилэр *барыахта* барбаттар 그들은 아직 떠나지 않고 있다(이미 떠났어야 했지만)
*Кэлиэхтэ* кэлэн биэрбэтэ 그는 결코 오지 않는다(올 것이 오지 않는다)
*биэр- '주다'; [-ан 부동사]와 조동사의 기능 수행

### ❻ 접미사 -а(-ыы)

이것은 본래 부동사형이다. 그러나 오래 전에 부동사 의미를 상실하고 부사의 기능을 한다.

хайа 두 부분으로 나누어서
быhа 똑바로, 곧장
ааhа 극도로
тэhэ 꿰뚫어서, 시종, 처음부터 끝까지

*дьөлө* ыт- 관통하다 *дьөл- 뚫다, 쏘아서 관통하다; ыт- 쏘다
*тиэрэ* бырах- 자빠지다 *тиэр- 뒤집다, бырах- 던지다
*умса* түс- 엎어지다 *умус- 잠수하다, түс- 넘어지다

## 2. 형용사에서 형성되는 부사

### ❶ 접미사 -тык(-дык, -лык, -нык)

이 접미사는 형용사뿐만 아니라 부사, 보조사에도 결합된다.

[1] 비 파생 형용사로부터:
үгүстүк 많이, 풍부하게 *үгүс 많은, 풍부한
бытааннык 천천히, 느리게 *бытаан 느린
суhаллык 재빠르게, 민첩하게 *суhал 재빠른, 민첩한
үчүгэйдик 잘 *үчүгэй 좋은
кылгастык 짧게 *кылгас 짧은

[2] 파생 형용사로부터:
эйэлээхтик 평화롭게 *эйэлээх 평화로운
ыарыылаахтык 아프게, 불건전하게 *ыарыылаах 병약한, 불건전한
дьоhуннаахтык 위엄있게, 당당하게 *дьоhуннаахтык 위엄있는, 당당한
куттаҕастык 비겁하게, 소심하게 *куттаҕас 비겁한, 소심한
симиттэҕэстик 부끄럽게, 소심하게 *симиттэҕэс 부끄러운, 소심한

[3] 형용사의 기능을 가진 부사로부터:
быhатык бар 똑바로 가라 *быhа суол 똑바른 길
толорутук кут 가득 따르다 *толору иhит 가득한 그릇

[4] 접미사가 보조사에 붙는 경우:
үчүгэй соҕустук 좀더 잘

быттаан баҕайытык 아주 느리게

## ❷ 접미사 -лыы(-тыы, -дыы, -ныы)

이 접미사는 여러 품사로부터 부사를 만든다. 그만큼 의미의 폭도 넓다.

таастыы тимир- 돌처럼 가라앉다 *명사, таас 돌

бүтүннүү ыл- 완전히 가져가다 *형용사, бүтүн 완전한

Чэпчэкилии маны көтөх 가벼운 만큼 이것을 들어 올려라

*чэпчэки 가벼운, маны [대명사] '이것'의 대격

Билэрдии кэпсиир 그는 아는 것처럼 말한다 *билэр[형동사] 알고 있는

이 접미사를 가진 단어들 중 일부는 형용사로도 쓰일 수 있다.

сахалыы тыл 야쿠트어

уруулуу дьон 친척들

чугастыы ыаллар 가까운 주민들

нууччалыы дьиэ 러시아 집

이 접미사를 가진 어휘들은 보통 변화하지 않는다. 그러나 일부 개별적으로 격 어미를 갖는 경우가 있다.

сахалыыттан(시발격) тылбаас 야쿠트어로부터의 번역

нууччалыытынааҕар 러시아로서보다 더

이 접미사를 가진 부사들은 주로 행위 부사의 의미를 나타낸다.

Нууччалыы кэпсэтэллэр (그들은) 노어로 말하고 있다

Соҕотохтуу хаалларыман 혼자 있지 마라

Хомойбуттуу эттэ (그는) 화가 나서 말했다

үөрбүттүү 기뻐서

## ❸ 접미사 -лары(-тары, -дары, -нары)

시간과 장소의 명사로부터 '공통'의 의미를 나타내는 부사를 만든다.

кыһыннары-сайынары 겨울에도 여름에도

Күнүстэри утуйар (그는) 낮에도 잔다

Утуйбакка түүннэри хаамас сылдьаллар 자지 않고서 (그들은) 밤에도 걷는다

*хаамп- 걷다

Иhирдьэлэри-таhырдьалары көрдүм да, булбатым
속도 겉도 다 보았지만 못 찾았다

### ❹ 접미사 -та

이 접미사는 수사나 수량을 나타내는 어휘에 결합되어 횟수를 의미한다.

алтата 여섯 번, биирдэ 한 번, иккитэ 두 번
алталыыта 여섯 개씩, уончата 약 열 번
уончалыыта 약 열 개씩

үгүстэ 여러 번 *үгүс 많은,
элбэхтэ 여러 번 *элбэх 많은
аҕыйахта 몇 번 *аҕыйах 적은
балаччата 상당한 수의 *балачча 상당한

### ❺ 접미사 -ыа(-иэ, -уо, -үө)와 -ыан(-иэн, -уон, -үөн)

이 접미사는 집합수사형으로 간주된다. 그러나 변화하지 않으며, 수식어로서도 쓰이지 않는다. 따라서 형태적으로는 수사에 포함시키기 어렵다. 다만 의미적으로만 수사로 분류된다.

이 접미사는 수사 2부터 10까지의 기수에 결합된다.

Иккиэ буоллубут 우리는 둘이 되었다
Иккиэн барыахпыт 우리는 둘이 갈 것이다
алтыа 여섯, алтыан 모두 여섯

### ❻ 접미사 -ын(-ин, -ун, -үн)

이 접미사는 서수사와 지소-집합 명사로부터 부사를 만든다.

иккиhин 두 번째로 *иккис 두 번의
алтыhын 여섯 번째로 *алтыс 여섯 번의
үhүөйэҕин 모두 겨우 셋이서 *үhүөйэх 모두 겨우 셋
алтыайаҕын 모두 겨우 여섯이서 *алтыайах 모두 겨우 여섯

## 3. 부사에서 형성되는 부사

### ❶ 접미사 -та(-рыта)

이 접미사는 -ы(-и, -у, -ү)로 끝나는 동사 기원의 부사나 -а(-э, -о, -ө)로 끝나

는 부동사나 부사에 결합하여 다회적 의미의 부사가 된다.

тиэрэ - тиэритэ 거꾸로, быhа - быhыта 단호히

тоҕо - тоҕута 남김없이, дьөлө - дьөлүтэ 시종, 처음부터 끝까지

хампы - хампырыта 산산이, дэлби - дэлбиритэ 강하게, 산산이

эмти - эмтэритэ 조각조각

❷ 접미사 -та

상호태 동사와 결합하여 다회적 의미가 아니라 행위의 상호성을 나타낸다.

Хардарыта көрүстүлэр 그들은 서로 만났다

Илиилэриттэн ыксарыта хапсыстылар 그들은 손을 강하게 잡았다

*илии 손; илиилээ- 손을 내밀다, ыксары 강하게

❸ 접미사 -ыары, -лык

지소적 의미를 가지며, 시간 부사, 드물게 장소 부사로 쓰인다.

кыhыары 초겨울에 *кыhын 겨울, 겨울에

сааhыары 초봄에 *саас 봄, 봄에

киэhэлик 저녁 무렵 *киэhэ 저녁, 저녁에

күнүhүөрү, күнүhүөрэх 이른 아침에 *күнүс 낮에

хойутуору 조금 늦게 *хойут 늦게

эрдэлик, эрдэhиэр 조금 일찍 *эрдэ 일찍

ыраахсыар 조금 더 멀리 *ыраах 먼, 멀리

❹ 접미사 -чы(-ччы)

강조적 뉘앙스의 부사를 만든다.

нимси - нимсиччи 끊임없이, 예외없이

булгу - булгуччу 물론, 의심할 바 없이

ыга - ыгыччы 빠듯이, 물릴 정도로

таhа - таhыччы 깨끗이, 완전히

❺ 접미사 -лыы

방향을 나타내는 접미사이다.

арыычча арҕаалыы бар 약간 서쪽으로 가다 *арҕаа 서쪽, 서쪽으로

хотулуу арҕаа диэиттэн 북서쪽으로부터

⑥ 강조적 의미만을 갖는 접미사들

접미사 -тык:

Алҕастык быһыыланнын 너는 잘못 처신했다

*алҕас 실수, 실수의, 실수로, 잘못

ыксарытык кыбыллыбыт 강하게 짓눌린

*ыксары 강한, 강하게

Балаччатык үлэлээбиттэр 그들은 상당히 일했다

*балачча 상당한, 상당히

оргууй, оргууйдук 조용히

эмискэ, эмискэтик 갑자기

олус, олустук 극히, 대단히

접미사 -ччы: 모음으로 끝나는 행위 부사에 붙는다.

сулбу - сулбуччу 지체없이

илэ - илэччи 실제로

эмискэ - эмискэччи 갑자기

супту - суптуччу 날카롭게

кэлти - кэлтэччи 비스듬히, 갸웃이

접미사 -ын:

адьас - адьаһын 전혀

арыт - арытын 때로, 가끔

түүн - түүнүн 밤에

куруук - куруутун 항상

мээр - мээрин 항상, 지속적으로

наар - наарын 집요하게, 끈덕지게

кэнэҕэс - кэнэҕэһин 미래의, 앞으로

## 다른 품사에서 전환되는 부사

현대 야쿠트어에서 부사는 대부분 접미사를 통해 명사, 형용사, 동사 등으로부터 파생된다. 비 파생 부사들은 개별 형태들이 분리되고 특수화되는 과정을 통해 다른 품사들로부터 생겨나고 있다. 이러한 형태의 부사들은 기존의 부사

와 형태적으로 다르지만 의미적으로는 부사의 기능을 수행한다.

## 1. 명사의 부사적 기능과 부사화

### ❶ 주격형의 부사화

명사로서 부사적 기능을 수행하는 것들이 있다.

кыhын 겨울, 겨울에,
күhүн 가을, 가을에,
киэhэ 저녁, 저녁에,
сарсыарда 아침, 아침에,
илин 동쪽, 동쪽의, 동쪽으로
чугас 근처, 가까운, 근처에,
алҕас 실수, 실수의, 실수로
сайын 여름, 여름에
саас 봄, 봄에
түүн 밤, 밤에
арҕаа 서쪽, 서쪽의, 서쪽으로
ыраах 먼 곳, 먼, 멀리
эбии 부가, 보충, 부가된, 부가적으로

예: кыhын

명사적 용법:

Кыhын буолла 겨울이 왔다
Кыhыны хайдах аhардыгыт? (당신은) 겨울을 어떻게 보냈습니까?
Кыhыннааҕар сайын ыраах ордук 겨울에 비해 여름이 훨씬 낫다
тымныы кыhын 추운 겨울
кыhынҥа диэри 겨울까지
кыhынтан ыла 겨울로부터
кыhынҥы суол 겨울길

부사적 용법:

Оҕолор *кыhын* үөрэнэллэр 아이들은 겨울에 공부한다
Торбостор *кыhыны* быhа хотонҥо тураллар
송아지들은 겨울 내내 외양간에 있다. *хотон 외양간

예: ыраах

Ыраах сири бардыбыт (우리는) 먼 곳을 지나갔다

부사적 용법:

*Ыраах* барыман 멀리 가지 마라

Мантан *ыраах* олоробут (우리는) 여기서 멀리 살고 있다

## ❷ 여격형의 부사화

### 1 장소 부사

장소 부사 дьиэбэр는 문맥에 따라 방향과 위치를 나타낸다.

Мин *дьиэбэр* төннүөм 나는 집으로 돌아갈 것이다(방향)

Мин *дьиэбэр* баарбын 나는 집에 있다(위치)

### 2 시간 부사

Ааспыт *дьылга* үүнүү бэрт этэ 지난해에 수확이 좋았다

кини *баарыгар* 그가 있을 때에

*суоххар* 네가 없을 때에

*кэмигэр* 정각에

### 3 행위 부사

*Утуйбакка* сытабын 잠들지 않고 누워 있다.

*Таҥныбакка* таҕыста 옷을 입지 않고 나갔다

*Көрбөккө* турар 보지 않고 서 있다

### 4 그밖의 여격형 부사

бииргэ 함께 *биир 하나

бэркэ 매우 *бэрт 뛰어난

күүскэ 강하게 *күүс 힘

тэҥҥэ 동등하게, 균일하게 *тэҥ 평등한

дэҥҥэ 우연히 *дэҥ 뜻밖의, 불행한 일

ардыгар 때로, 가끔 *арда - арыт 중간, 간격

дуомугар 공식적으로 *дуом 의식, 예식

## ❸ 시발격형의 부사화

### 1 장소 부사

ыраахтан 멀리서부터, чугастан 가까이에서부터

таһырдьаттан 겉으로부터 *таһырдьа 겉

арҕааттан 서쪽으로부터 *арҕаа 서쪽

үнүоргтан 저쪽으로부터 *үнүор 저쪽에, 건너

аараттан 동행 길로부터 *аара 수반하여, 함께

мантан 여기로부터, итинтэн(онтон) 저기로부터

хантан 어디로부터

*Халлаантан* тыас иһилиннэ 하늘로부터 소음이 들려 왔다

2 시간 부사

형동사형으로부터 시간의 부사가 만들어지는 경우가 많다.

эн *кэлиэххиттэн* 네가 온 때부터

үөрэхпин *бүтэрбиппиттэн* ыла 나의 공부가 끝날 때부터

маҥнайгы хаар *түһүөбүттэн* 첫눈이 내린 때부터

*төрүөбүттэн* 태어날 때부터

명사의 부사화:

бүгүҥҥүттэн 오늘날부터

киэһэттэн 저녁부터, сааскыттан 봄부터

эрдэттэн 미리, 이른 시간으로부터

## ❹ 도구격

1 장소 부사

행위 장소를 나타내는 경우가 있다.

бу *суолунан* бар- 이 길을 따라 가다

күөл *кытыытынан* 호수 가를 따라

*халааныынан* көт- 하늘을 날다

체류 장소를 나타내는 경우가 있다.

Күөл *сабатынан* хойуу от үүммүт

호수 가를 따라 무성한 풀이 자랐다

Түннүк *аттынан* олор 창문 옆에 앉아라

Уҥа *диэкинэн* аан баар 오른쪽에 문이 있다

2 시간 부사

Үс *хонугунан* эргиллиэхпит 3 일이 지나 (우리는) 돌아올 것이다

*Өтөрүнэн* бүппэт үлэ 네가 곧 끝내지 못할 일

*Киэһэнэн* тымныйда 저녁 무렵 추워졌다

*сааскынан* 봄 무렵

3 행위 부사

*Эйэнэн* кэпсэтиэх 평화롭게 얘기합시다

*Үчүгэйинэн* көрсүстүлэр 그들은 우호적으로 만났다

*Кистэлэнинэн* кэпсэтистилэр 그들은 비밀리에 의논했다

*Куустуспутунан* оҕуттулар 서로 끌어안고 떨어졌다

бэрт *эрэйинэн* 큰 노력을 들여

*үөрүүнэн* 기뻐서

4 동기 부사

кини *ыйыытынан* 그의 지시에 따라

эн *сүбэҕинэн* 너의 충고에 따라

бэйэм *баҕабынан* 나 자신의 소망에 따라

ууран *быһыытынан* 결정에 따라

5 수량 부사

*Кыайаргынан* илт 할 수 있는 만큼 가져가라

*Тотуохxунан* аhaa 배부르게 먹어라

*Өйдүүрбүнэн* кэпсиим 기억하는 만큼 말하겠다

## 2. 부동사의 부사적 기능과 부사화

### ❶ -ан 부동사

1 행위 부사

Атын *миинэн* иhэр 그는 자기 말을 타고 간다

Массыынаҕа *олорон* бардылар 그들은 차를 타고(앉아서) 갔다

*Кыыhыран* кэлбит 그는 화가 나서 왔다

*Сүүрэн* таҕыстылар 그들은 달려서 나갔다

2 동기 부사

*Ыалдьан* үлэтигэр барбата 그는 아파서 직장에 가지 않았다

*Куттанан* тылыттан маппыт 그는 공포로 말을 잃었다

*Алҕаhаан* этэр 그는 실수로 이것을 말하고 있다

### ❷ -а(-ыы) 부동사

1 목적 부사

*Балыктыы* бардылар 그들은 고기잡으러 갔다

*Үлэлии* кэллибит 우리는 일하러 왔다

*Утуйа* барда 그는 자러 갔다

Мас *тиэйэ* барыаххыт 당신은 나무를 가지러 갈 것이다

Сүөһү *уулаата* таҕыстым 나는 가축을 물 먹이러 나갔다

2 행위 부사

*Сынньана-сынньана* үлэлээ 쉬면서 일해라

*Кэпсэтэ-кэпсэтэ* иһэллэр 그들은 얘기하면서 가고 있다

*Мөккүһэ* хааллылар 그들은 서로 논쟁하면서 남았다

*Утуктуу* олорор 그는 졸면서 앉아 있다

3 합성 동사형에서의 부사

*тоҕо* бар- 갑자기 굴러 떨어지다, 폭발하다 *тох- 액체를 따르다, 뿌리다; бар-가다

*тэһэ* бар-/*тэһэ* ыстан- 구멍이 나다, 관통하다 *тэс- 뚫다; ыстан- 파열하다

*саралыы* тарт- 껍질을 벗기다 *тарт- 당기다; саралаа- 가죽 등을 벗기다

*хостуу* тарт- 잡아 빼다, 뽑다 *хостоо- 꺼내다, 빼내다

*ыыра* тарт- 분리시키다 *ыыр- 찢다, 끊다

*саба* ас- 틀어넣다, 막다 *сабаа- 휘두르다, 때리다; ас- 밀다

*саба* быраx- 걸쳐 입다, 덮어씌우다 *быраx- 던지다

### ❸ -аары, -аат 부동사

이 부동사들은 목적이나 시간적 관계를 보여준다. 그러나 부사로 인정되는 것은 아니다.

1 -аары 부동사

이 부동사 형은 동기(목적) 부사의 기능을 한다.

*Көрсөөрү* кэллим (나는) 만나러 왔다

*Утуйаары* олорбуппут (우리는) 자려고 앉았다.

이 부동사는 다른 행위의 종료 시간을 의미하기도 한다.

*Төннөөрү* сылдьыам 돌아오면서 들를 것이다

*төнүн- 돌아가다, төннөр- [촉진태]

*Олороору* харандааспын тоһуппуккун

앉으면서 (너는) 나의 연필을 부러트렸다

2 -аат 부동사

이 부동사는 시간상의 행위의 관계를 보여준다.

*Көрөөт* биллэ 그는 보자마자 알아보았다

*Тураат* бардым 나는 일어나자마자 나갔다

## 3. 어구형 부사

기능적 부사화에 의해 어구형 부사를 만드는 형태가 있다. 임의로 결합되어 한정소로서의 기능을 하던 어구들이 부사의 의미를 갖는 어구로 굳어진 예들이다.

өрө көтөҕүллүүлээхтик 높이 도약하여

*өрө 위로, көтөх- 오르다, көтөҕүү 오르기, 도약, көт- 날다

киэҥ далааһыннаахтык 넓은 범위로

*киэҥ 넓은, далааһын 범위, далай- 흔들어 때리다

биир санаанан 만장일치로

*санаа- 생각하다; санаа 생각

# 6 동사

# 6. 동사

## 동사의 구성

동사를 구성하기 위해 가장 많이 쓰이는 접사는 다음과 같다.

1) -лаа, 2) -ый(-й), 3) -аа, 4) -р(-ыр, -ар), 5) -тый(-сый), 6) -мсый(-ымсый), 7) -рҕаа, 8) -рый

### 1. 접미사 –лаа

접미사 -лаа는 16개의 이형태로 나타난다.

-лаа, -лээ, -лоо, -лөө

-таа, -тээ, -тоо, -төө

-даа, -дээ, -доо, -дөө

-наа, -нээ, -ноо, -нөө

#### ❶ 명사로부터

명사와 접미사 -лаа가 결합하여 만들어지는 동사 형태가 가장 보편적인 형태이다.

үлэ 일 : үлэлээ- 일하다

харыс 저축 : харыстаа- 저축하다

уот 불 : уоттаа- 불 태우다, 불 지피다

өй 지력, 지혜 : өйдөө- 이해하다, 기억하다

харчы 돈 : харчылаа- 돈을 제공하다
туус 소금 : туустаа- 소금을 뿌리다
арыы 버터 : арыылаа- 버터를 바르다
отон 딸기 : отонноо- 딸기를 따다
тэллэй 버섯 : тэллэйдээ- 버섯을 따다
балык 물고기 : балыктаа- 물고기를 잡다

алаадьы 알라지(부침개) : алаадьылаа- 알라지를 부치다
кымыс 쿠므스(말젖) : кымыстаа- 쿠므스를 만들다
хааhы 죽 : хааhылаа- 죽을 끓이다

туруйа 학 : туруйалаа- 학처럼 걷다
ат 말 : аттаа- 네 발로 서다

дьиэ 집 : дьиэлээ- 집으로 보내다
куорат 도시 : куораттаа- 도시로 가다
тыа 시골, 타이가 : тыалаа- 시골, 타이가로 가다
өрүс 강 : өрүстээ- 강으로 가다

аҥар 반 : аҥардаа- 반으로 나누다

ардах 비 : ардахтаа- 비를 맞다
дьол 행복 : дьоллоо- 행복해지다

сил 침 : силлээ- 침을 뱉다
сымыыт 알 : сымыыттаа- 알을 낳다
кулун 망아지 : кулуннаа- 망아지를 낳다

чэйдээ- 차를 마시다
уулаа- (동물이) 물을 마시다
арыгы 술 : арыгылаа- 술을 마시다

оҕо 아이 : оҕолоо- 아이를 돌보다
дьиэ 집 : дьиэлээ- 집을 돌보다
ас 음식 : астаа- 음식을 장만하다

хаарты 카드 : хаартылаа- 카드놀이 하다
хабылык 하블륵 놀이 : хабылыктаа- 하블륵 놀이를 하다
ohyohай 야쿠트 민속춤 :  ohyohайдаа- 민속춤을 추다

хаар 눈: хаардаа- 눈을 가리다
бырдах 모기 : бырдахтаа- 모기를 없애다

## ❷ 형용사로부터

형용사와 접미사 -лаа가 결합하여 자동사와 타동사가 만들어진다.

### 1 타동사

тэҥ 평평한 : тэҥнээ- 비교하다, 동등하게 하다
сытыы 뾰족한 : сытыылаа- 뾰족하게 하다
ыраас 깨끗한 : ыраастаа- 깨끗하게 하다

кыhыл 빨간 : кыhыллаа- 빨갛게 하다
үрүҥ 하얀 : үрүҥнээ- 하얗게 만들다
улахан 큰 : улаханнаа- 크게 만들다, 증대시키다
чулуу 최상의, 선별된 : чулуулаа- 최상의 것을 뽑다

### 2 자동사

сиэдэрэй 멋진, 세련된 : сиэдэрэйдээ- 멋내다
аччык 배고픈 : аччыктаа- 배고프다
сыыдам 빠른 : сыыдамнаа- 서두르다

саарбах 의심스러운 : саарбахтаа- 의심받다
атаах 연약한, 응석부리는 : атаахтаа- 응석부리다
хоhуун 용감한 : хоhууннаа- 용감하게 굴다

## ❸ 수사, 대명사, 부사, 감탄사, 의성어로부터

### 1 수사로부터

иккилээ- 두 번 하다 *икки 2
уоннаа- 열 번 하다 *уон 10
иккистээ- 두 번째 하다 *иккис 두 번째
бэhистээ- 다섯 번째 하다 *бэhис 다섯 번째

чиэппэрдээ- 4등분 하다 *чиэппэр 4분의 1
аҥардаа- 반으로 나누다 *аҥар 2분의 1
быһаҕастаа- 반으로 나누다 *быһаҕа 2분의 1

2 대명사로부터

туохтаа- 무엇을 하다
ханналаа- 어디로 가다

3 부사로부터

эрдэлээ- 일찍 일어나다, 서두르다
наһаалаа- 정도를 지나치다 *наһаа 지나치게
уруттаа- 미리 하다 *урут 이전에, 미리

## 2. 접미사 -ый(-й)

харыс 보호, 옹호 : харыһый 보호하다
итии 뜨거운, 열 : итий 뜨거워지다
тымныы 추위, 추운 : тымный 추워지다
тыйыс 딱딱한 : тыйыһый딱딱해지다

## 3. 접미사 -аа(-ээ, -оо, -өө)

ыар 무거운 : ыараа- 무거워지다
суон 뚱뚱한 : соноо- 뚱뚱해지다
үгүс 많은 수의 : үксээ- 수가 늘다
хойут 늦은, 늦게 : хойутаа- 늦다, 지각하다

ас 음식 : аһаа- 먹다
туус 소금 : тууһаа- 소금을 치다
суол 길 : солоо- 길을 치우다

## 4. 접미사 -р/-ыр, -ар

모음으로 끝나는 어간 뒤에는 **-р/-ыр**, 자음으로 끝나는 어간 뒤에는 **-ар**를 붙

인다. 주로 '되다'라는 의미의 동사가 된다.

харанҕа 어둠, 어두운 : харанҕар- 어두워지다
дьэҥкир 투명한, 밝은 : дьэҥкэр 밝아지다, 투명해지다
үтүө 착한, 좋은 : үтүөр- 건강해지다
киэһэ 저녁 : киэһэр- 저녁이 되다
тыал 바람 : тыалыр- 바람이 불다
саҥа 목소리, 말 : саҥар 말하다

## 5. 접미사 –тый, –сый

'되다'라는 의미의 동사가 된다.

араҕас 노란 : араҕастый- 노랗게 되다
хара 검은 : харатый- 검게 되다
иллэҥ 자유의 : иллэҥсий- 자유롭게 되다

## 6. 접미사 –мсый/–ымсый

'주어진 성질, 특성에 따라 행동하다'라는 의미의 동사를 만든다.

кырдьаҕас 늙은 : кырдьаҕаһымсый- 늙어 보이다
үтүө 착한, 고결한 : үтүөмсүй- 뽐내다, 자랑하다
оҕо 어린아이 :оҕомсуй- 아이처럼 행동하다

## 7. 접미사 –рҕаа/–ырҕаа

### ❶ 자만이나 공격적 성향의 의미

киһи 사람 : киһиргээ- 자만하다
баай 부자, 부유한 : байырҕаа- 부자인 체 하다, 부를 자랑하다
күүс 힘 : күүһүргээ- 힘 자랑하다, 힘 센 체하다
тойон 주인, 상관 : тойорҕоо- 지배, 통치하다

### ❷ 긍정적 반응

уруу 친척 : уруурҕаа- 친척처럼 대하다

дьон 사람들 : дьонурҕаа- 자기 편으로 간주하다
атас 친구 : атаһырҕаа- 친구로 대하다

❸ 부정적 반응

быpдах 모기 : быpдаҕыpҕаа- 모기를 참지 못하다
тыал 바람 : тыалыpҕаа- 바람 때문에 힘들어하다

❹ 자질의 적극적 표현

тот 배부른, 포만 : тотуpҕаа- 살찌다
модьу 강한, 센 : модьуpҕаа- 강해지다

❺ 주어진 자질의 인지

минньигэс 맛있는, 달콤한 : минньигэһиргээ- 맛이 나다
сөрүүн 선선한, 신선한 : сөрүүргээ- 선선해지다, 신선해지다
ордук 최고, 최상의 : ордугургаа- 시기하다, 질투하다

## 8. 접미사 –рый(–рий, –руй, –рүй)

접미사 -рый(-рий, -руй, -рүй)는 명사, 형용사, 부사와 결합하여 보통 "변화"를 나타내는 동사를 만든다.

❶ 형용사로부터:

хагдан 시든, 빛바랜 : хагдарый- 빛 바래다, 퇴색하다
намыын 조용한, 온순한 : намырый- 진정되다, 온순해지다

❷ 부사로부터:

халты 조금, 살짝 : халтарый- 미끄러지다
хампы 산산조각 : хампарый- 산산조각나다
үлтү 산산조각 : үлтүруй- 잘게 부서지다, 세분되다

❸ 명사로부터

чугдаан 높고 날카로운 비명 : чугдаарый- 낭낭하게 소리치다
чамаан 자랑, 자만 : чамааарый- 자랑하다
күдээ 안개, 먼지, 증기 : күдээрий- 안개처럼 날아오르다, 울려 퍼지다

# 시제

## 1. 현재시제

예: бар- 가다, 떠나다

1) 긍정형

| | 단수 | 복수 |
|---|---|---|
| 1인칭 | бар-а-бын | бар-а-быт |
| 2인칭 | бар-а-ҕын | бар-а-ҕыт |
| 3인칭 | бар-а-р | бар-ал-лар |

2) 부정형

| | 단수 | 복수 |
|---|---|---|
| 1인칭 | бар-бап-пын | бар-бап-пыт |
| 2인칭 | бар-бак-кын | бар-бак-кыт |
| 3인칭 | бар-бат | бар-бат-тар |

## 2. 미래시제

1) 긍정형

| | 단수 | 복수 |
|---|---|---|
| 1인칭 | бар-ыаҕ-ым | бар-ыах-пыт |
| 2인칭 | бар-ыаҕ-ыҥ | бар-ыах-хыт |
| 3인칭 | бар-ыаҕ-а | бар-ыах-тара |

2) 부정형

| | 단수 | 복수 |
|---|---|---|
| 1인칭 | бар-ыам суоҕа | бар-ыах-пыт суоҕа |
| 2인칭 | бар-ыаҥ суоҕа | бар-ыах-хыт суоҕа |
| 3인칭 | бар-ыа суоҕа | бар-ыах-тара суоҕа |

## 3. 과거시제

과거시제는 소과거(가까운 과거), 서술형 과거, 결과형 과거, 경험형 과거, 임퍼펙트, 대과거(먼 과거), 경험형 대과거의 7 가지 유형이 있다.

### ❶ 소과거(가까운 과거)

소과거 시제는 최근에 일어난 사건을 나타낸다. 이 시제는 **접사 {-т, -д, -л, -н}**으로 구분된다. 끝에 **인칭접미사**에 의해 인칭이 구분된다.

**긍정형**

| | | |
|---|---|---|
| быс-*т*-ым | быс-*т*-ыбыт | 잘랐다 |
| быс-*т*-ыҥ | быс-*т*-ыгыт | |
| быс-*т*-а | быс-*т*-ылар | |
| бар-*д*-ым | бар-*д*-ыбыт | 떠났다 |
| бар-*д*-ыҥ | бар-*д*-ыгыт | |
| бар-*д*-а | бар-*д*-ылар | |
| кэл-*л*-им | кэл-*л*-ибит | 왔다 |
| кэл-*л*-иҥ | кэл-*л*-игит | |
| кэл-*л*-э | кэл-*л*-илэр | |
| мун-*н*-ум | мун-*н*-убут | 길을 잃었다 |
| мун-*н*-уҥ | мун-*н*-угут | |
| мун-*н*-а | мун-*н*-улар | |

**부정형**

부정형에는 "부정"의 의미를 갖는 접사 {-па(-ба, -ма)}가 어간과 시제 접사 사이에 붙는다.

| | | |
|---|---|---|
| быс-па-*т*-ым | быс-па-*т*-ыбыт | 자르지 않았다 |
| быс-па-*т*-ыҥ | быс-па-*т*-ыгыт | |
| быс-па-*т*-а | быс-па-*т*-ылар | |

бар-**ба**-*т*-ым　　бар-**ба**-*т*-ыбыт　　떠나지 않았다
бар-**ба**-*т*-ыҥ　　бар-**ба**-*т*-ыгыт
бар-**ба**-*т*-а　　бар-**ба**-*т*-ылар

кэл-**бэ**-*т*-им　　кэл-**бэ**-*т*-ибит　　오지 않았다
кэл-**бэ**-*т*-иҥ　　кэл-**бэ**-*т*-игит
кэл-**бэ**-*т*-э　　кэл-**бэ**-*т*-илэр

мун-**ма**-*т*-ым　　мун-**ма**-*т*-ыбыт　　길을 잃지 않았다
мун-**ма**-*т*-ыҥ　　мун-**ма**-*т*-ыгыт
мун-**ма**-*т*-а　　мун-**ма**-*т*-ылар

Бүгүн Якутскайтан почта *кэллэ.*　　오늘 야쿠츠크에서 편지가 왔다.
Сарсыардаттан быһа мас *тиэйдим.*　　이른 아침부터 나무를 가져왔다.

## ❷ 서술형 과거

어간에 형동사 접사 **{-быт, -пыт, -мыт}**와 소유접미사를 붙인다.

### 긍정형

бар 떠나다

бар-быт-ым　　бар-быП-пыт
бар-быт-ыҥ　　бар-бык-кыт
бар-быт-а　　бар-быт-тара

тут- 잡다

туп - пут - ум　　тут - пут - лут
туп - пут -уҥ　　тут - пук - кут
туп - пут -а　　тут - пут - тара

### 부정형

бар-батаҕ-ым　　бар-батах-пыт
бар-батаҕ-ыҥ　　бар-батах-хыт
бар-батаҕ-а　　бар-батах-тара

서술형 과거는 어느 시점에 실제 일어난 사건을 제3자적 관점에서 전달해 준다.

Мин оскуолаҕа сэттэлээхпэр *киирбитим.*
내가 학교에 일곱 살에 들어갔다.
Ааспыт нэдиэлэҕэ Өктөмңө ыһыах *буолбута.*
지난주 악쫌쯔에서 으스아흐가 있었다.

### ❸ 결과형 과거

결과형 과거 시제에는 2개의 형태가 있다.

**제1형**
어간에 형동사 접사 **{-быт, -пыт, -мыт}**와 술어접사가 붙는다.

**긍정형**

| | | |
|---|---|---|
| бар-бып-пын | бар-был-пыт | 갔었다 |
| бар-бык-кын | бар-бык-кыт | |
| бар-быт | бар-быт-тар | |

аах- 읽다

| | | |
|---|---|---|
| аах-пып-пын | аах-пып-пыт | 읽었다 |
| аах-пык-кын | аах-пык-кыт | |
| аах-пыт | аах-пыт-тар | |

туһан- 이용하다

| | | |
|---|---|---|
| туһам-мып-пын | туһам-мып-пыт | 이용했다 |
| туһам-мык-кын | туһам-мык-кыт | |
| туһам-мыт | туһам-мыт-тар | |

이 시제는 오래 전에 일어난 일상적 행위를 가리킨다. 이 시제도 서술형 과거처럼 평서문에서 쓰인다.

Мин дьиэбэр кэлбитим, кэргэним үлэтигэр *барбыт.*
나는 집에 왔는데 나의 아내는 직장에 갔다(가버렸다).

Мин ол тугунан *истибиппин.*
나는 이것에 대해 들었다.
Мин утуйан *хаалбыппын.*
나는 (깊은)잠이 들었다. *утуй- 잠들다

## 부정형

부정형은 접사 **{-батах-}**로 나타내어진다.

бар-

| | | |
|---|---|---|
| бар-батах-пын | бар-батах-пыт | 떠나지 않았다 |
| бар-батах-хын | бар-батах-хыт | |
| бар-батах | бар-батах-тар | |

аах-

| | | |
|---|---|---|
| аах-патах-пын | аах-патах-пыт | 다 읽지 않았다 |
| аах-патах-хын | аах-патах-хыт | |
| аах-патах | аах-патах-мар | |

туhан-

| | | |
|---|---|---|
| туhам-матах-пын | туhам-матах-пыт | 이용하지 않았다 |
| туhам-матах-хын | туhам-матах-хыт | |
| туhам-матах | туhам-матах-тар | |

суруй-

| | | |
|---|---|---|
| суруй-батах-пын | суруй-батах-пыт | 쓰지 않았다 |
| суруй-батах-хын | суруй-батах-хыт | |
| суруй-батах | суруй-батах-тар | |

эт-

| | | |
|---|---|---|
| эп-пэтэх-пин | эп-пэтэх-пит | 말하지 않았다 |
| эп-пэтэх-хин | эп-пэтэх-пит | |
| эп-пэтэх | эп-пэтэх-тэр | |

**제2형**

제2형은 접사 **{-ан}**을 가진 부동사 형태에 "존재하다, 있다"라는 의미를 가진 기능 조동사 **тур-**의 현재시제형을 붙여 만들어진다.

**긍정형**

аах- 읽다

| | | | | |
|---|---|---|---|---|
| ааҕ-ан | *турабын* | ааҕ-ан | *турабыт* | 이미 읽었다 |
| ааҕ-ан | *тураҕын* | ааҕ-ан | *тураҕыт* | |
| ааҕ-ан | *турар* | ааҕ-ан | *тураллар* | |

**부정형**

부정형은 부정 접사 **{-бакка/-ымына}**에 기능 조동사 **тур-**의 현재시제형을 붙여 만들어진다.

| | | | |
|---|---|---|---|
| аах-*пакка* | *турабын* | аах-*пакка* | *турабыт* |
| аах-*пакка* | *тураҕын* | аах-*пакка* | *тураҕыт* |
| аах-*пакка* | *турар* | аах-*пакка* | *тураллар* |

Мин ол туһгунан хаһыакка *суруйан турабын*
나는 이것에 대해 신문에 이미 썼다.
Мин ити кинигэни *ааҕан турабын*
나는 이 책을 이미 다 읽었다.
cf. Мин итти кинигэни *ааҕан туруом.*
나는 이 책을 (불현듯) 다 읽을 것이다

Ваня суруйуох буолан бигэ тылын *биэрэн турар.*
바냐는 쓰겠다는 강한 말을 하였다.
Ол күн кинилэр ыһыахтарын кыайан *ыыппакка(ыытымына) тураллар.*
그날 그들은 으스아흐(들)을 맞이하지 못하고 있었다. *ыыт- 지내다, 하게 하다

## ❹ 경험형 과거

경험형 과거시제의 형식에는 3 가지가 있다.

1) -быт 형동사 + 소유접사 -лаах + 술어접사
2) -быт 형동사 + 소속접사 + баар

(부정) -быт 형동사 + 소속접사 + суох

3) -ан 부동사 + тур-ар(형동사) -даах + 술어접사

**제1형**

**긍정형:**

сылдьыбыт-таах-пын　　　**한 번** 간 적이 있다

сылдьыбыт-таах-хын　　　*сырыт- 방문하다; сылдь-ы-

сылдьыбыт-таах

сылдьыбыт-таах-пыт

сылдьыбыт-таах-хыт

сылдьыбыт-таах-тар

**부정형**

сылдьыбатах-таах-пын　　　가본 적이 한 번도 없다.

сылдьыбатах-таах-пыт

сылдьыбатах-таах

сылдьыбатах-таах-пыт

сылдьыбатах-таах-хыт

сылдьыбатах-таах-тар

Мин Кореяҕа иккитэ сылдьыбыттаахпын.
나는 한국에 2번 갔었다.
Кини Москваҕа элбэхтик сылдьыбыттаахпыт
그는 모스크바에 여러 번 갔었다

부정형은 드물게 이용된다.

Мин эйэхэ биирии *эппэтэхтээхпин.*
나는 너에게 한 가지를 말하지 않았다.
Мин ыалдьан ол көрсүһүүгэ *барбатахтаахпын.*
나는 아파서 이 모임에 못 간 적이 있다

**제2형**

**긍정형**

| | | |
|---|---|---|
| сылдьыбыт-*ым* *баар* | сылдьыбып-*пыт* *баар* | 언젠가 간 적이 있다 |
| сылдьыбыт-*ын* *баар* | сылдьыбык-*кыт* *баар* | |
| сылдьыбыт-*а* *баар* | сылдьыбыт-*тара* *баар* | |

**부정형**

| | | |
|---|---|---|
| сылдьыбыт-*ым* *суох* | сылдьыбып-*пыт* *суох* | **한 번도** 간 적이 없다 |
| сылдьыбыт-*ын* *суох* | сылдьыбык-*кыт* *суох* | |
| сылдьыбыт-*а* *суох* | сылдьыбыт-*тара* *суох* | |

Мин Японияҕа олимпийскай оонньуугa *сылдьыбытым баар.*
나는 일본 올림픽에 방문하려고 언젠가 간 적이 있다
Мин Кореяҕ *сылдьыбытым суох*
나는 한국에 한 번도 간 적이 없다

**제3형**

| | | |
|---|---|---|
| сылдь*ан турар-даах-пын* | сылдь*ан турар-даах-пыт* | **한 번** 가본 적이 있다 |
| сылдь*ан турар-даах-хын* | сылдь*ан турар-даах-хыт* | |
| сылдь*ан турар-даах* | сылдь*ан турар-даах-тар* | |

Мин Африкаҕа иккитэ *сылдьан турардаахпын.*
나는 아프리카에 2번 간 적이 있었다.

부정형은 별로 이용되지 않는다.

## ❺ 임퍼펙트(미종결 과거)

임퍼펙트 시제는 종결되지 않은 과거의 행위를 가리키며, 지속성의 의미를 가진다. 이 시제에도 2 가지 형식이 있다.

**제1형**

제1형은 접사 **{-ар}**를 가진 형동사에 **불완전 동사 э-**의 현재시제형을 붙여 만든다.

### 긍정형

| | | |
|---|---|---|
| барар этим | барар этибит | (보통) 갔었다 |
| барар этиҥ | барар этигит | |
| барар этэ | барар этилэр | |

### 부정형

| | | |
|---|---|---|
| барбат этим | барбат этибит | 가지 않았었다 |
| барбат этиҥ | барбат этигит | |
| барбат этэ | барбат этилэр | |

Мин кинини Сеулга үгүстүк *көрөр этим.*
나는 그를 서울에서 자주 만났다
Мин Саха сиргэр элбэхтик *сылдьар этим*
나는 사하 나라를 자주/많이 방문했다.
Мин Москваҕа *сылдьыбат этим.*
나는 모스크바에 가지 않았다(간 적이 없다)

### 제2형

제2형은 접미사 **{-ар}**를 가진 형동사에 소유접미사를 붙여 만들어진다.

### 긍정형

| | | |
|---|---|---|
| **барар***ым* | **барар***быт* | (보통) 가긴 했다 |
| **барар***ыҥ* | **барар***гыт* | |
| **бара***а* | **барал***лара** | |

### 부정형

| | | |
|---|---|---|
| **барбат***ым* | **барбап***пыт* | 가지 않았다 |
| **барбат***ыҥ* | **барбак***кыт* | |
| **барбат***а* | **барбат***тара* | |

Кинилэр бу алааска *олорор этилэр.*
그들은 이 호숫가에서 살았다(지속).

---

* 자음전환 р→л이 일어난다.

Кинилэр кыыстарын олус *таптыыллара.*
그들은 딸들을 매우 사랑하였다.
Мин Кореяҕа үгүстүк *барарым.*
나는 한국에 자주 갔었다.
Сынньалаҥ күннэригэр кини кинигэ *ааҕар этэ*
휴식일에 그는 책을 읽었다.(휴식일에는 정기적으로)
Аҕам түргэнник *кыыһырара,* ол гынан баран түргэнник *аһарара.*
나의 아버지는 금새 화를 내지만 그러나 금새 풀어진(졌)다.

❻ 대과거 (먼 과거)

대과거는 아주 먼 과거의 일을 가리킨다.

접미사 **{-быт, -пыт, -мыт}**를 가진 형동사에 불완전 동사 **э-의 현재형**을 붙여 만든다.

**긍정형**

бар-

| | | |
|---|---|---|
| барбыт *этим* | барбыт *этибит* | 이미 그때 갔었다 |
| барбыт *этиҥ* | барбыт *этигит* | |
| барбыт *этэ* | барбыт *этилэр* | |
| | [барбыттар *этэ*] | |

**부정형**

| | | |
|---|---|---|
| бар*батах этим* | барбатах *этибит* | 아직 그때 가지 않았었다 |
| бар*батах этиҥ* | барбатах *этигит* | |
| бар*батах этэ* | барбатах *этилэр* | |
| | [бар*батахтар этэ*] | |

Биһиги дьиэбитигэр кэлбиппит, уолаттар эрдэ *кэлбит этилэр.*
우리가 집에 왔더니 아이들은 일찍(이미) 와 있었다
Мин Сеултан кэлбиптим, итальянка урут *кэлбит этэ.*
내가 서울에서 왔더니 이태리여자는 일찍 와 있었다.

＊ 이 용법은 예술작품에서 빈번히 사용된다.

Саха тылын туһунан элбэх научнай үлэ *суруллубут этэ*
사하 언어에 대해 많은 학문적 업적이 (이미) 쓰여 있었다.
*сурулун - [수동태] 쓰여지다
Мни Якутскайга үөрэнэ кэлбитим, Михаил Польшаттан өссө эрдэ *кэлбит этэ.*
내가 야쿠츠크에 공부하러 왔을 때, 미하일은 폴란드에서 이미 일찍 와 있었다
Биһиги дьиэбитигэр им сүтүүтүгэр тиийбиппит, оттон Бүөтүрдээх буоллаҕына күнүс *тиийбит этилэр.*
우리가 집으로 저녁 석양에 왔을 때, 페트로프네는 이미 와 있었다.
*буоллаҕына күнүс 좋은 때에, оттон 그러나
Мин оскуолаҕа киирэрбэр, кини төрдүс кылааһы *бүтэрбит этэ.*
내가 학교에 들어갈 무렵 그는 4학년을 이미 끝마쳤다.

## ❼ 경험형 대과거

이 시제는 **경험형 과거시제** 형태에 불완전동사 **э-**의 소과거시제 형태의 결합으로 이루어진다. 여기에는 두 가지 형태가 있다. 본동사가 변화하면 불완전동사 **э-**가 변화하지 않고, 본동사가 변화하지 않으면 불완전동사 **э-**가 변화한다.

즉, 1) 본동사 불변 + э-변화
2) 본동사 변화 + э-불변

### 제1형

### 긍정형

сылдьы*быттаах этим* сылдьа*н турардаах этим* 한 번 간 적이 있었다
сылдьы*быттаах этиҥ* сылдьа*н турардаах этиҥ*
сылдьы*быттаах этэ* сылдьа*н турардаах этэ*

сылдьы*быттаах этибит* сылдьан *турардаах этибит*
сылдьы*быттаах этигит* сылдьан *турардаах этигит*
сылдьы*быттаах этилэр* сылдьан *турардаах этилэр*

### 제2형

сылдьы*быттаахпын этэ* сылдьан *турардаахпын этэ*
сылдьы*быттааххын этэ* сылдьан *турардааххын этэ*
сылдьы*быттаах этэ* сылдьан *турардаах этэ*

| | |
|---|---|
| сылдьы*быттаахпыт этэ* | сылдьан *турардаахпыт этэ* |
| сылдьы*быттааххыт этэ* | сылдьан *турардааххыт этэ* |
| сылдьы*быттаахтар этэ* | сылдьан *турардаахтар этэ* |

*변이형

| | |
|---|---|
| сылдьы*быттаа-ҕым* | сылдьа*н турардааҕым* |
| сылдьы*быттаа-ҕын* | сылдьа*н турардааҕым* |
| сылдьы*быттаа-ҕа* | сылдьа*н турардааҕа* |
| сылдьы*быттаа-таахпыт* | сылдьа*н турардаахпыт* |
| сылдьы*быттаа-тааххыт* | сылдьа*н турардааххыт* |
| сылдьы*быттаа-таахтара* | сылдьа*н турардаахтара* |

※ 양상소사 **баар**와 불완전 동사 **этэ**의 결합으로도 이 시제를 나타낼 수 있다.

| | |
|---|---|
| сылдьыбыт-*ым баар этэ* | 언젠가 간 적이 있었다 |
| сылдьыбыт-*ын баар этэ* | |
| сылдьыбыт-*а баар этэ* | |
| сылдьыбыт-*быт-пыт баар этэ* | |
| сылдьыбыт-*бык-кыт баар этэ* | |
| сылдьыбыт-*быт-тара баар этэ* | |

※ 강조소사 баара를 첨부한 변이형도 가능하다.

сылдьыбыт-*ым баара*
сылдьыбыт-*ын баара*
сылдьыбыт-*а баара*
сылдьыбыт-*быт-пыт баара*
сылдьыбыт-*бык-кыт баара*
сылдьыбыт-*быт-тара баара*

# 법

법은 행위의 양상성(modality)을 나타내는 문법 범주이다. 이것은 화자에 의한 행위와 현실성의 관계를 나타낸다. 야쿠트어에는 10가지 형태의 법이 있다. 이것들은 형태적 지표와 양상적 의미소에 의해 구분된다. 여기에는 **직설법, 명령법, 조건법, 긍정법, 가능법, 추측법, 당연법, 미이행법, 접속법, 완료법**이 있다. 직설법은 시제와 관련하여 앞 부분에서 이미 기술되어 있다. 접속법과 완료법은 야쿠트어에서 활용도가 높지 않아 본서에서는 생략하였다.

## 1. 명령법

야쿠트어에서 동사 기본형은 명령법 형태와 동일하다. 명령법 단수 2인칭형은 본동사 기본형이 된다.

명령법 어미는 {-им, -ø, -ин, -ҕиҥ, -ҥ, -нэр}이고, 어간과 어미 사이에 매개모음이 삽입된다.

| | кэл- 오다 | аах- 읽다 | суруй- 쓰다 |
|---|---|---|---|
| 단수 | кэл**иим** | ааҕ**ыым** | суруй**уум** |
| | кэл | аах | суруй |
| | кэл**лин** | аах**тын** | суруй**дун** |
| 복수 | кэл**иэҕ**иҥ | ааҕ**ыаҕ**ыҥ | суруй**уоҕ**уҥ |
| | кэл**иҥ** | ааҕ**ыҥ** | суруй**уҥ** |
| | кэл**лин**нэр | аах**тын**нар | суруй**дун**нар |

| | тур- 서다 | кѳр- 보다 | | олуй- 잠그다, 막다 |
|---|---|---|---|---|
| 단수 | тур**уум** | кѳр**үүм** | кѳр | олуй**уум** |
| | тур | кѳр**дүн** | кѳр**үѳҕ**үҥ | олуй |
| | тур**дун** | кѳр**үҥ** | кѳр**дүн**нэр | олуй**дун** |
| 복수 | тур**уоҕ**уҥ | | | олуй**уоҕ**уҥ |
| | тур**уҥ** | | | олуй**уҥ** |
| | тур**дун**нар | | | олуй**дун**нар |

**[부정]**

| | |
|---|---|
| бар-ым-ыым | бар-ым-ыаҕыҥ / бар-ым-ыахайыҥ |
| бар-ыма | бар-ымаҥ |
| бар-батын | бар-батыннар |

## 2. 조건법

### ❶ 접사 {-тар}와 {-тах}

조건법을 만드는 접사에는 {-тар}(이형태 -дар, -лар, -нар)와 {-тах}(이형태 -дах, -лах, -нах) 두 가지가 있다. 그 뒤에 인칭접사를 붙인다. {-тах}와 {-тар}의 의미 차이는 다음의 예문과 같다.

**кэл-+-лэр** + 인칭 접사 : 내가 왔다면
**кэл-+-лэх** + 소유변화 처소격 접사 : 내가 올 때 / 내가 온다면

**{-тар}형**

| | кэл- 오다 | бар- 가다 |
|---|---|---|
| 단수 | 1. кэл - лэр - бин | бар - дар - бын |
| | 2. кэл - лэр - гин | бар - дар - гын |
| | 3. кэл - лэр - ø | бар - дар |
| 복수 | 1. кэл - лэр - бит | бар - дар - быт |
| | 2. кэл - лэр - гит | бар - дар - гыт |
| | 3. кэл - лэл - лэр | бар - дар - лар |

**{-тах}형**

| | кэл- 오다 | бар- 가다 |
|---|---|---|
| 단수 | 1. кэл - лэх - пинэ | бар - дах - пына |
| | 2. кэл - лэх - хинэ | бар - дах - хынаа |
| | 3. кэл - лэҕ - инэ | бар - дах - ына |
| 복수 | 1. кэл - лэх - питинэ | бар - дах - пыына |

2. кэл - лэх - хитинэ　　　бар - дах - хытына
3. кэл - лэх - тэринэ　　　бар - дах - тарына

Мин Кореяттан *кэллэхпинэ* саха тылы үөрэтиэм.
내가 한국에서 *온다면* 사하 어를 배울 것이다.
Мин кинини *көрдөрбүн* сибэкки биэриэм этэ.
내가 그를 *보면* 꽃을 줄 텐데.
Быйыл үөрэххэ *бардахпына* уопсайга олоруом.
금년에 공부하러 *갔다면* 기숙사에서 살 텐데.

**[부정]**

**{-тар}형**

бар- 가다

단수 1. бар - батар - быын
2. бар - батар - гын
3. бар - батар - ø

복수 1. бар - батар - быт
2. бар - батар - гыт
3. бар - батал - лар

| кэл - 오다 | тур - 서다 | суун - 씻다(재귀) |
|---|---|---|
| кэл - бэтэр - бин<br>кэл - бэтэр - гин<br>кэл - бэтэр | тур - батар - быын<br>тур - батар - гын<br>тур - батар | суум - матар - быын<br>суум - матар - гын<br>суум - матар |
| кэл - бэтэр - бит<br>кэл - бэтэр - гит<br>кэл - бэтэл - лэр | тур - батар - быт<br>тур - батар - гыт<br>тур - батал - лар | суум - матар - быт<br>суум - матар - гыт<br>суум - матал - лар |

**{-тах}형**

бар- 가다

단수 1. бар - батах - пына 가지 않는다면
2. бар - батах - хына
3. бар - батаҕ - ына

| | | |
|---|---|---|
| 복수 | 1. бар - батах - пытына | |
| | 2. бар - батах - хытына | |
| | 3. бар - батах - тарына | |
| | көр- 보다 | суруй- 쓰다 |
| 단수 | 1. көр - бөтөх - пүнэ | суруй - батах - пына |
| | 2. көр - бөтөх - хүнэ | суруй - батах - хына |
| | 3. көр - бөтөҕ - үнэ | суруй - батаҕ - ына |
| 복수 | 1. көр - бөтөх - пүтүнэ | суруй - батах - пытына |
| | 2. көр - бөтөх - хүтүнэ | суруй - батах - хытына |
| | 3. көр - бөтөх - төрүнэ | суруй - батах - тарына |

Үөрэхпин *бүтэрдэрбин*, дойдубар үлэлии тахсыам этэ.
공부를 끝냈더라면 (나는) 조국으로 일하러 갔을 것이다. *таҕыс- 나가다
Галя *кэллэр*, киинэҕэ барыах этибит.
갈랴가 왔더라면 (우리는) 극장에 갔었을 것이다.
Харчы *манньалаатарбыт*, бараарай?
(우리가) 돈을 주었더라면 그가 갈까?(가능법) *манньалаа- 지불하다

### ❷ 접속사 да, даҕаны, төһө да, төһө даҕаны

양보절에서는 да, даҕаны, төһө да, төһө даҕаны와 같은 접속사가 이용된다.

Көрбөтөрбүн *да* эттэҕим дии.
보지 않았더라도 말할 수 있었을 것이다.(추측법)
Ийэм төһө *даҕаны* кыыһырдар, миигин мөхпөтө.
나의 어머니는 아무리 화가 날지라도 나를 욕하지 않았다. *кыыһыр- 화가 나다

### ❸ 보조품사(소사, 접속사, 양상어)

보조품사(소사, 접속사, 양상어)로서 **сатаа-** , **баҕар-** , **хайаа-**, **э-** , **гын-**, **буол-**, **диэ-** 등이 이용된다. 그 뒤에 **3인칭 단수 어미 {-тар}**가 붙어 сатаатар '심지어, 비록', баҕардар '그렇다면, 아마도', хайаатар '반드시'가 된다.

*сатаатар* кини итэҕэйбэт

심지어 그가 믿지 않는다 해도

*сатаатар* Петя кэлбэт 비록 빼쨔가 오지 않는다 해도

*Баҕардар*, бүгүн киинэ буолбатын.

그렇다면 오늘 영화는 없을 것이다. *буол- 있다

❹ 이외의 조건적 구문

1 -тах 형동사의 여격 접미사와 조건적 구문을 만들 수 있다.

Кыһан*наххa* киһи тугу барытын кыайар.

노력을 한다면 사람은 모든 것을 극복할 수 있다.

2 -ар, -быт 형동사와 양상소사 киһи에 의한 조건적 구문

Сынньам*мыт* киһи абыраныа эбит. = Сынньан*ар* киһи абыраныа этэ.

휴식을 가지면 그는 편했을 텐데.

*сынньа- 휴식하다; абыран- [재귀]편해지다, 도움받다; абыраныа 미래 этэ 조동사 "바램"

3 -лаах 형동사와 양상소사 киһи에 의한 조건적 구문

Бочччум*наах*, туох эмэ тустаах үлэ*лээх киһи* абыраныах этэ.

건실한(진지한) 무엇이든 알맞은 일을 가졌더라면 편했을 텐데.

*тус[강조소사] 개별적으로; тустаах[소사] -ыах 형동사의 당연법 형성 туох эмэ 무엇이든; абыраа-구하다, 보호하다; абыран-[재귀] 도움받다, 편해지다

## 3. 긍정법

긍정법은 접미사 **{-ыыһы , -ууһу}**에 의해 만들어진다. 의미는 "~일 것이다"로 해석된다.

긍정법에 대한 부정은 두 가지 형태가 있다. 첫 번째 유형은 어간이 자음으로 끝나는 경우 접미사 **{-ым-ыыһы-}**로, 모음으로 끝나는 경우 접미사 **{-м-ыыһы-}**로 만들어진다. 두 번째 유형은 긍정법 형태에 부정 소사 **суох**를 결합하여 만들어진다.

| кэл- 오다 | суун- 씻다 | ыл- 받다 |
|---|---|---|
| кэлииhибин | суунууhубун | ылыыhыбын |
| кэлииhиин | суунууhугун | ылыыhыгын |
| кэлииhи | суунууhу | ылыыhы |
| | | |
| кэлииhибит | суунууhубут | ылыыhыбыт |
| кэлииhигит | суунууhугут | ылыыhыгыт |
| кэлииhилэр | суунууhулар | ылыыhылар |

### 부정[1] : 접미사 {-мии-(-мыы-)}에 의해

| | кэпсэт 애기하다 | саҥар 말하다 |
|---|---|---|
| | 애기하지 않을 것이다 | 말하지 않을 것이다 |
| 단수 | 1. кэпсэтимииhибин | саҥарымыыhыбын |
| | 2. кэпсэтимииhигин | саҥарымыыhыгын |
| | 3. кэпсэтимииhи | саҥарымыыhы |
| 복수 | 1. кэпсэтимииhибит | саҥарымыыhыбыт |
| | 2. кэпсэтимииhигит | саҥарымыыhыгыт |
| | 3. кэпсэтимииhилэр | саҥарымыыhылар |

### 부정[2] : 소사 суох에 의해

кэл- 오다

| | | | | |
|---|---|---|---|---|
| 단수 | 1. кэлиэм | суох | кэлиэ | суохпун |
| | 2. кэлиэҥ | суох | кэлиэ | суоххун |
| | 3. кэлиэ | суох | кэлиэ | суох |
| 복수 | 1. кэлиэхпит | суох | кэлиэ | суохпут |
| | 2. кэлиэххит | суох | кэлиэ | суоххут |
| | 3. кэлиэхтэрэ | суох | кэлиэ | суохтара |

үлэлээ- 일하다

| | | | | |
|---|---|---|---|---|
| 단수 | 1. үлэлиэм | суох | үлэлиэ | суохпун |
| | 2. үлэлиэҥ | суох | үлэлиэ | суоххун |
| | 3. үлэлиэ | суох | үлэлиэ | суох |

| 복수 | 1. үлэлиэхпит | суох | үлэлиэ | суохпут |
|---|---|---|---|---|
| | 2. үлэлиэххит | суох | үлэлиэ | суоххут |
| | 3. үлэлиэхтэрэ | суох | үлэлиэ | суохтара |

Киэһэнэн ардах *түһүүһү*.
저녁 무렵 비가 올 것이다. *түс- 떨어지다

Кэшаттан үчүгэй механик *тахсыыһы*.
케샤는 좋은 기술자가 될 것이다(케샤에게서 좋은 기술자가 나올 것이다.)
*тағыс- 나오다

Маннык усулуобуйаҕа биир күн иһигэр да *илистииһибит*.
그런 조건에서는 단 하루만에 지쳐 버릴 것이다. *илиһин- 극도로 피곤해지다

Үөрэхпин *кыайыа суохпун(кыайыам суох)*.
(나는) 공부를 할 수 없을 것이다/하지 못 할 것이다.(미래형)
*кыай- 할 수 있다

Ханна барарбын эйиигиттэн *ыйытыыһыбын* дии.
내가 어디로 갈지 너에게 꼭 물을 것이다. *ыйыт- 묻다, дии 꼭

Кинини кыыһырда диэн утуйумуна(부동사) *олоруу һубут* дии !
그가 화가 났기 때문에 (우리는) 자지 않으면서 있을 것이다.
*кыыһыр- 화가 나다

Түөрт уон сыл олорбут дьиэбиттэн туох да иһин *арахсыа суохпун*.
40년간 산 (그의) 집에서 결코 떠나지 않을 것이다.
*туох да иһин 결코, араҕыс- 떠나다, 헤어지다

Дьэ хата *барыа суохпун*.
정반대로 나는 가지 않을 것이다.

## 4. 가능법

접미사 **{-аайа, -өөйө, -ээйэ}**를 갖는다. 모음과 이중모음으로 끝나는 어간 뒤에서는 접미사가 {-йа}로 축소된다.

가능법의 부정에는 부정 소사 **{-ым-}** 또는 **{-маа-}**와 가능법 접미사 **{-ай-}** 또는 **{-айа-}**가 결합된 형태인 **{-ым-аайа-}** 또는 **{-маа-йа-}**가 이용된다.

가능법의 의미는 “~ 할 수 있을 것이다”이다.

бар- 가다

| | 긍정 | 부정 |
|---|---|---|
| 단수 | 1. бар*аайа*бын | бар*ымаайа*бын |
| | 2. бар*аайа*ҕын | бар*ымаайа*ҕын |
| | 3. бар*аарай* | бар*ымаарай* |
| 복수 | 1. бар*аайа*быт | бар*ымаайа*быт |
| | 2. бар*аайа*ҕыт | бар*ымаайа*ҕыт |
| | 3. бар*аайа*ллар | бар*ымаайа*ллар |

көрүс- 만나다

| | 긍정 | 부정 |
|---|---|---|
| 단수 | 1. көрс*өөйө*бүн | көрс*үмээйэ*бин |
| | 2. көрс*өөйө*ҕүн | көрс*үмээйэ*ҕин |
| | 3. көрсөөрөй | көрс*үмээрэй* |
| 복수 | 1. көрс*өөйө*бүт | көрс*үмээйэ*бит |
| | 2. көрс*өөйө*ҕүт | көрс*үмээйэ*ҕит |
| | 3. көрс*өөйө*ллөр | көрс*үмээйэ*ллэр |

1. 가능성의 가정
   - Итинник буоллаҕына кини *туттунаарай*?
     그렇다면 그가 자제할 수 있겠지? *тутун- 자제하다
   - Хайа, эһиги сарсын *кэлээйэҕитий*?
     그래, 너희들이 내일 올 수 있겠지?
2. 소망적 가능
   - Бүөтүрдээх дьиэлэрин *атыылааһаайабыт*.
     페트롭스키 거리의 집들을 살 수 있다면.
   - Хата мин университекка *киирээйэбин*.
     내가 대학교에 들어갈 수만 있다면
3. 부정적 가능
   - Аргыый, хайа дьон *истээйэллэр*.
     조용! 사람들이 들을 수 있겠니?
   - Атаххын *өлөрөөйөҕүн*, сэрэнэн тутун.
     (나는) 발을 다치겠다. 조심해서 잡아라. *тутун- [재귀동사 명령법]

4. 엄격한 금지, 강요.

- Бука диэн *саҥараайаҕын.* 결코 말하지 마라.
- Только мин тугу саҥардахыына эн төрүт *күлээйэҕин.*
  내가 무슨 말을 하더라도 너만은 비웃지 마라

5. 가능의 구문

- Оннугу көрбүтүҥ *буолаарай*?
  그런 것을 네가 볼 수 있었을까(보았을까)?
- Оннугу истэриҥ *буолаарай*?
  그것을 네가 들었을까?
- Кыыс эмиэ барсыахтаах буолаарай?
  소녀애도 그들과 가야 할까요?

*буолаарай: буол -의 3인칭 단수; 아마도, 가능한

*истэр-: иһит- 의 현재시제 2인칭 소유형으로 형동사로 쓰인다.

## 5. 추측법

### ❶ 추측법 접미사 {-тах-}

추측법 접미사 **{-тах-}**의 의미는 "~ 했을 것이다"이다. 부정은 접미사 **{-батах-}**와 양상소사 **буолуо**를 결합하여 만들어진다.

бар- 가다

| | | | | |
|---|---|---|---|---|
| 단수 | 1. бар*даҕ*ым | 복수 | бар*да*хпыт | 갔을 것이다 |
| | 2. бар*даҕ*ыҥ | | бар*да*ххыт | |
| | 3. бар*даҕ*а | | бар*да*хтара | |

Мин *бүтэрдэҕим* дии санаабытым, өссө бүппэтэх.
나는 끝났다고 (끝났을 거라고) 생각했는데, 아직 안 끝났다.
Мин бу ыстатыйаны суруйан *бүтэрдэҕим* дии санаабытым бүппэтэх.
나는 이 논문을 쓰는 것이 끝났다고(끝났을 거라고) 생각했는데 끝나지 않았다.

**[부정]**

| | | | |
|---|---|---|---|
| 단수 | 1. бар*батаҕ*ым | буолуо | 가지 않았을 것이다 |
| | 2. бар*батаҕ*ыҥ | буолуо | |
| | 3. бар*батаҕ*а | буолуо | |

복수 1. бар*батах*пыт буолуо
2. бар*батах*хыт буолуо
3. бар*батах*тара буолуо

Валя дьиэтигэр *тиийдэҕэ*.
발랴는 집에 다 갔을 거다. *тиий- 도달하다

Биһиги оҕобут ити курдук *быһыыламматаҕа* буолуо.
우리의 아이는 아마도 그렇게 행동하지는 않았을 텐데.
*быһыы 행동, 처세; быһыы-лаа- 행동하다

"Билбэппин" диэн киһини *кыһыттаҕа* үһү.
"모릅니다"라고 말한 것이 그 사람을 정말로 화나게 만들었을 것이다.
*кыһый- 노하다; кыһыт- 노하게 하다, үһү [양상어] 1.말하기를, 2.(강조) 마침내, 바로

Саманнык саталаах тыалы көрө илигим, *көрдөҕүм* ини.
그런 폭풍 같은 바람을 본 적이 아직 없지만, 정말로 본 것 같다.
*ини [양상어] 1.아마도 2.(강조) 정말로; сата 바람, 폭풍; саталаах 폭풍같은; тыал 바람
илик [소사] 아직 ~ 않다

## ❷ 응용 용법

1 가까운 미래의 명령법으로:

Улаханынан даҕаны, көстүүҕүнэн даҕаны барыбытынааҕар ордук буоллаҕын, онон эн *бардаҕын*!

나이(크기)로 보나 인품(도덕)으로 보나 우리 모두보다 나으니, 그러니 네가 가야 한다! *улахан 큰; көстүү 모습; ордук 더 낫다; буоллаҕа [양상어] 그래서

2 미래에 대한 바람과 가정:

양상어 саатар, баҕас, дуу 등과 결합하여 미래에 있을 수 있는 소망과 가정을 나타낸다.

Сатаатар бүгүн киинэҕэ *бардахпыт дуу*!
오늘이라도 극장에 갔더라면!

Оо, кини билигин тиийэн *кэллэҕэ дуу*.
오, 그가 지금 여기 왔더라면! *тиий- 도달하다; тиийэн 도달해서

3 계속 행위의 시작, 일정 기간 내의 행위의 시작과 끝을 의미:

{-а/ыы, -ан}으로 끝나는 부동사 형태와 기능보조동사 эр-의 추측법이 결합하여 행위의 종료에 대한 추측을 나타낸다.

Ийэтэ билигин үлэтиттэн *бүтэн эрдэҕэ*.
(그의) 어머니는 지금 일을 끝냈을 것이다.
*бүт- 끝내다; бүтэн [부동사] '이전 행위'

## 6. 당연법

당연법은 "~해야 할 것이다"라는 의미로 "현재형 미래"와 "미래" 시제의 두 가지 형태가 있다.

### ❶ 현재형 미래

현재형 미래는 **{-ар}**로 끝나는 형동사에 소유접사 **{-лаах-}**, 그리고 인칭어미가 결합하여 만들어진다.

бар- 가다

단수 1. бар***ар****даах*пын　　가야 할 것이다.
2. бар***ар****даах*хын
3. бар***ар****даах*

복수 1. бар***ар****даах*пыт
2. бар***ар****даах*хыт
3. бар***ар****даах*тар

현재형 미래: Мин быйыл Кореяҕа *бар**ардаах**пын.*
나는 금년 한국에 가야 할 것이다

미래 : Мин бүгүн дьиэбэр *үлэл**иэхтээх**пин.*
나는 오늘 집에서 일해야 할 것이다.

### ❷ 미래

미래형은 **{-ыах}** 형동사에 소유접사 **{-лаах-}**와 인칭 어미를 붙인다.

| | суруй- 쓰다<br>써야 할 것이다 | үөрэт- 공부하다 .<br>공부해야 할 것이다 |
|---|---|---|
| 단수 | 1. суруй***уох****таах*пын | үөрэт***иэх****тээх*пин |
| | 2. суруй***уох****таах*хын | үөрэт***иэх****тээх*хин |
| | 3. суруй***уох****таах* | үөрэт***иэх****тээх* - |
| 복수 | 1. суруй***уох****таах*пыт | үөрэт***иэх****тээх*пит |
| | 2. суруй***уох****таах*хыт | үөрэт***иэх****тээх*хит |
| | 3. суруй***уох****таах*тар | үөрэт***иэх****тээх*тэр |

|  | оҥор- 만들다<br>만들어야 할 것이다 | кэпсэт- 말하다<br>말해야 할 것이다. |
|---|---|---|
| 단수 | 1. оҥор***уох**таах*пын | кэпсэт***иэх**тээх*пин |
|  | 2. оҥор***уох**таах*хын | кэпсэт***иэх**тээх*хин |
|  | 3. оҥор***уох** таах* | кэпсэт***иэх**тээх* |
| 복수 | 1. оҥор***уох**таах*пыт | кэпсэт***иэх**тээх*пит |
|  | 2. оҥор***уох**таах*хыт | кэпсэт***иэх**тээх*хит |
|  | 3. оҥор***уох**таах*тар | кэпсэт***иэх**тээх*тэр |

## ❸ 예문

1 현재형 미래

1. 발화 순간의 행위 :

Аны маннык *эт**эрдээх**пин.*

지금 그와 같은 것을 말해야한다.(말하고자 한다.)

2. 발화 뒤에 일어나야 하는 행위, 즉 미래 :

Утуйабын, сарсын эрдэ *тур**ардаах**пын.*

나는 자고 있다. 내일 일찍 일어나야 한다.

3. 문장에서 여러 기능 수행

1) 직접목적 : Лэппэски *оҥор**ордооҕ**ун* оҥорботох.

비스킷을 만들어야 하는 것을 하지 않았다.(과거부정)

*оҥор- 만들다, 하다

2) 간접목적 : Кэргэн *ыл**ардааҕ**ын* туһунан хаһан да саҥарбат этэ.

결혼해야 한다는 것에 대해 결코 말하지 않았다(말한 적이 없다).

*туһунан ~에 대해, хаһан (언제) +да/даҕаны 결코, кэргэн 가족, 배우자

3) 수식어 : ***Кэпсиирдээх*** дьон, кэпсээн иһиҥ!

말해야 할 것이 있는 사람들을 말하게 하라(명령 복수 2인칭)

*ис- ① 가다(정태)

② [조동사] иһиҥ: -ан 부동사와 결합하여 행위의 지속성을 의미

4) 주어 : Үҥсүүлээх, *ыйыт**ардаах*** күн аайы өссө эбиллэн иһэр.

불평이 있는 사람, 청원이 있는 사람들이 매일 아직도 늘어가고 있다.

*үҥсүү 불평, үҥсүүлээх 불평이 있는, эп- 추가하다;

эбин- [재귀] 추가되다, 늘어나다, ыйыт- 묻다, 부탁하다, күн аайы 날마다, иһэр 가고 있다 (ис- '걸어가다'의 현재시제)

2 미래

문장의 다양한 성분으로 쓰인다.

1) 수식어 : Үөрэххэ *барыахтаах* кыыс ити олорор.
공부에 가야하는 여자애가 여기에 앉아 있다.

2) 직접목적 : Онно *барсыахтаахпын* мин кыайан өйдөөбөппүн.
그리고 (함께)가야 하는 것을 나는 이해할 수 없다.
*барыс-: бар-의 [상호태], кыай- 할 수 있다, өйдөө- 이해하다, 기억하다

3) 간접목적 : Уу *кэлиэхтээҕинэн* ордук сэрэхтээх этэ.
물이 오는 것에 의해 특히 위험하였다.
*сэрэх 주의; 추측, 가정; -тээх 위험한

4) 부사어 : Иван *тохтуохтааҕар* эбии сэтэрэн саҥарда
이반은 멈춰야 하는 대신 더욱 열심히 말하였다.
*тохтуоо- 멈추다, сэтэр- 더 힘주다, 열중하다; сэтэрэн [부동사]
*эп- 추가하다; эбии- ① 추가 ② [후치사] (+여격) ~에 대신하여, ~에 더해

5) 주어(소속 접미사와 함께) :
Кини *оҥоруохтааҕа, үлэлиэхтээҕэ, ситэриэхтээҕэ* оо, өссө да үгүс!
그가 만들어야 하고 일해야 하고 완성해야할 것이 아직도 많구나!
*ситэр- 끝내다, 완성하다, үгүс 많다

6) 부정문
Көрбүттэрин туһунан оҕолор кимиэхэ да *кэпсиэ суохтаахтар.*
본 것에 관해 아이들은 아무에게도 말하지 않아야 한다.
*көр- 보다; көрбүт- [형동사], туһунан ~에 관해, кэпсээ- 이야기하다

## 7. 미이행법

미이행법은 해야 하는 것을 아직 하지 않은 경우에 쓰인다.
접미사 **{-а-/-ыы-}**를 가진 부동사에 소사 **илик**을 결합하고, 인칭 어미가 붙는다.
시제 형태로는 현재와 과거가 있으며, "~ 하지 않는다", "~하지 않았다"라는 의미를 가리킨다.

### ❶ 현재

| | 단수 | 복수 |
|---|---|---|
| *-а/-ыы* + | *илик-пин* | *илик-пит* |
| | *илик-кин* | *илик-кит* |
| | *илик* | *илик-тэр* |

*бар-* 가다

| | | | | |
|---|---|---|---|---|
| 단수 | 1. *бара иликпин* | 복수 | *бара иликпит* | 가지 않는다 |
| | 2. *бара иликкин* | | *бара иликкит* | |
| | 3. *бара илик* | | *бара иликтэр* | |

## ❷ 과거

과거 시제에는 완전형과 축약형 두 가지가 있다.

### ✻ 완전형

| | 단수 | 복수 |
|---|---|---|
| *-а/-ыы* + | *илик этим* | *илик этибит* |
| | *илик этиҥ* | *илик этигит* |
| | *илик этэ* | *илик этилэр* |

### ✻ 축약형

| | 단수 | 복수 |
|---|---|---|
| *-а/-ыы* + | *илигим* | *иликпит* |
| | *илигиҥ* | *иликкит* |
| | *илигэ* | *иликтэрэ* |

## ❸ 예문

1 현재 (현재까지 유효)

Москваны биһиги ***көрө*** *иликпит.*

모스크바를 우리는 보지 못하였다.

Эн миэхэ биирдэ да ***сылдьа*** *иликкин.*

너는 나에게 한 번도 오지 않았다.

Оҕолор оскуолаларыттан ***кэлэ*** *иликтэр.*

아이들은 학교들에서 오지 않았다.

2 과거 (과거의 일)

Мин кэлэрбэр эн ***тура*** *илик этиҥ.*

내가 올 때까지 너는 일어나지 않았었다.

Былырыын мин үлэҕэ ***киирэ*** *илик этим.*

작년에 나는 직장에 들어가지 않았었다.

3 또다른 용법

1. 수식어로서 : Урут ***ааҕа*** *илик* кинигэм

   전에 읽지 않은 책 (나의)

2. 주어로서 : Хаар ***түһэ*** *илигэ* мэһэйдээтэ

   눈이 오지 않은 것이 방해하였다. *мэһэйдээ- 방해하다

3. 보충어로서 : ***Буола*** *илиги* лахсыйыма

   일어나지 않은 것을 얘기하지 마라(떠들지 마라)

   *лахсый- 떠들다, 지껄이다

4. 부사어로서(여격, 시발격으로) :

   ***Умна*** *иликкинэ* биэриэххэ наада.

   잊어버리기 전에 주어야 한다. *умун- 잊다, биэр- 주다

   ***Кэлэ*** *илигиттэн* хотумсуйар.

   아직 오지도 않았는데 그가 명령한다.

   *хотумсуй- 지배하다, 명령하다.(여자에 관해)

# 7 태

# 7. 태

태는 동사의 문법 범주로서 주어와 목적어의 관계를 정확하게 해주는 역할을 한다. 이것은 특별한 형태로서 **문법적 주체**와 **행위**의 관계를 나타낸다. 태에는 **기본태, 촉진태, 재귀태, 수동태, 동반상호태**의 다섯 가지가 있다.

## 기본태

### 1. 야쿠트어의 기본태

러시아어의 능동태에 해당한다. 야쿠트어에는 **논리적 주어와 문법적 주어**가 있다. 이 둘은 대부분의 경우 의미적으로 일치하지만, 때로 일치하지 않는 경우가 있다.

Аан *сабыллыбыт* 문이 닫혔다.

위 예에서 문장의 주어, 즉 문법적 주체는 명사 '문'이다. 그러나 '닫혔다'라는 동작의 주체는 '문'이 아니라 '어느 누군가'라는 행위자이다. 즉, 다른 논리적 주체가 발화 배후에 존재한다. 이와 같이 기본태 동사에서는 행위가 항상 논리적 주체에 의해 시작된 것으로 인식된다.

Биhиги *үөрэнэбит*. 우리는 공부하고 있다.
Кыhын *кэллэ*. 겨울이 왔다.

위 예에서 행위의 논리적 주체는 항상 문법적 주체와 일치한다. 주어 **Биhиги** 와 **Кыhын**은 기본태 동사로 나타내어지는 행위의 논리적 주체로 인식된다. 이러한 특성을 한국어와 비교해 보면 이것이 바로 알타이어족의 통사적 특성으로 파악될 것이다.

### 2. 행위의 자동성과 타동성의 구분

자동성과 타동성을 구분하는 외적 자질은 존재하지 않는다. 예를 들어, **хас-** '(땅을) 파다', **сас-** '숨다', **тот-** '실컷 먹다'와 같은 동사들은 자동사와 타동사로 구분되지 않는다.

## 촉진태

### 1. 촉진태의 의미

촉진태는 '~ 하게 하다'라는 의미를 나타낸다. 이것은 태 형성소 **{-т-/-тар-}**에 인칭 어미가 붙어 만들어진다.

| | |
|---|---|
| көр-дөр-ө-бүн | 보게 하다 |
| аах-тар-а-бын | 읽게 하다 |
| ылаа-т-а-бын | 노래하게 하다 |
| кэпсээ-т-э-бин | 얘기하게 하다 |
| мөлөө-т-ө-бүн | 지불하게 하다 |
| сабын-нар-а-р | 숨게 하다 |
| төнүн-нөр-эр | 돌아오게 하다 |

❶ 접미사 {-т-/-тар-}

접미사 **{-т-/-тар-}**는 행위 촉진자에 소속된다.

Биhиги бүгүн эйигин оҕуруокка *үлэлэтиэхпит.*

우리는 오늘 네가 정원에서 일하게 할 것이다.

Учуутал оҕолорго кинигэ *аахтарар.*
선생님은 아이들이 책을 읽게 하신다.

❷ 논리적 행위자가 미명시되는 경우:

Харахпын *эмтэтэбин.* *эмтээ- 고치다
내 눈을 (의사에게) 고치게 한다(내 눈을 고친다).
Ыалдьар тииспин *ыллардым.*
아픈 (나의) 이를 뽑게 하였다(아픈 이를 뽑았다).

## 2. 촉진태의 종류

촉진태에는 1)고유 촉진태와 2)수동 촉진태라는 2개의 기본적인 의미군이 있다.

### ❶ 고유촉진태

명령, 요구, 강조, 바램, 요청, 권고 등의 경우에 쓰인다.

Үс сүүстэн тахса киһини мас *кэртэрэр.*
300명 이상의 사람에게 나무를 베게 한다(300명 이상이 나무를 벤다).
*кэрт- '베다'+-тэр- → кэртэр-э-р
Ол түннүккэ баран *суруйтар.*
그 창문 쪽으로 가서 쓰게 해라.

### ❷ 수동 촉진태

"마지 못해서, 부득이" 또는 "실수로"의 의미를 나타낸다.

Куобах айаҕа *таптарбыт.*
산토끼가 쇠뇌에 걸려들었다.
Бу киһи харчытын *уордарбыт.*
이 사람은 돈을 강탈 당하였다.
Атахпын ынахха быһа *үктэттим.*
(내) 발이 암소에게 정통으로 밟혔다.
*үктээ- 밟다; үктэт- 밟게 하다

## 3. 접미사의 종류

### ❶ 접미사 {-т-}

1 접미사 {-т-}는 장모음 또는 이중모음을 가진 어간에 붙는다.

санаа- '생각하다' : санат - 생각하게 하다
ыллаа- 노래하다 : ыллат- 노래하게 하다
кэпсээ- 이야기하다 : кэпсэт- 이야기하게 하다
холбоо- 연결하다 : холбот- 연결시키다
төлөө- 지불하다 : төлөт- 지불하게 하다
сиэ- 먹다 : сиэт- 먹게 하다
диэ- 말하다 : диэт- 말하게 하다

이 때 접미사 {-т-} 앞에서 장모음은 단모음이 된다.
그러나 이중모음은 그대로 음가를 유지한다.

ыат- 젖짜게 하다, сиэт- 먹게 하다

2 접미사 {-т-}는 어간에 장모음이 있거나, 어간이 자음 й나 р로 끝나는 경우에 붙는다. 자동사 어간에 이 접미사가 붙으면 사역 타동사가 된다.

ыксат- 서두르게 하다 *ыксаа- 서두르다
элбэт- 증가시키다 *элбээ- 증가하다
тохтот- (~을) 멈추게 하다 *тохтоо- 멈추다
мөлтөт- 악화시키다 *мөлтөө- 악화되다
байыт- 부유하게 하다 *бай- 부유하다
тэйит- 멀게 하다 *тэй- 멀어지다
төкүнүт- 굴리다 *төкүнүй- 구르다
куурт- 말리다 *куур- 마르다
иирт- 유혹하다, 혼란스럽게 하다 *иир- 정신이 나가다
кыыһырт- 화나게 하다 *кыыһыр- 화내다
ырааһырт- 깨끗하게 하다 *ырааһыр- 깨끗이 되다; ыраа- 깨끗한

이때 장모음은 단모음이 된다. й로 끝나는 단음절 어간은 연결 모음 ы, и, у, ү를 가진다.

### ❷ 접미사 {-лаа(-таа, -даа, -наа)}

접사 **{-лаа(-таа, -даа, -наа)}**를 가진 파생 타동사에서도 촉진태가 만들어진다.

балык-таа- 고기를 잡다 : балык-тат- 고기를 잡게 하다
үлэ-лээ- 일하다 : үлэлэт- 일하게 하다
сүбэ-лээ- 충고하다 : сүбэлэт - 상담하다, 조언을 구하다
олонхо-лоо- 올롱호로 노래하다 : олонхолот- 올롱호를 부르게 하다
өй-дөө- 기억, 이해하다 : өйдөт- 회상시키다
силим-нээ- 풀로 붙여 만들다 : силимнэт- 풀로 붙여 만들게 하다

### ❸ {-тар-}

1 접미사 {-тар-}는 어간 말 자음 뒤에 붙는다..

сап- 덮다 : саптар- 덮게 하다
быс- 베다, 자르다 : быстар- 베게 하다
тик- 바느질하다 : тиктэр- 바느질 하게 하다
сот- 닦다 : соттор- 닦게 하다
мөх- 욕하다 : мөхтөр- 욕하게 하다
ыл- 가져가다, 뽑다 : ыллар- 뽑게 하다
сим- 채우다 : симнэр -, симтэр- 채우게 하다
миин- 위에 앉다(말 위에) : мииннэр- 앉게 하다
ый- 가리키다 : ыйдар- 가리키게 하다
тиэй- 실어가다 : тиэйтэр-, тиэттэр- 싣게 하다

2 {-тар-}는 다양한 접미사를 가진 살아있는 어간이나 죽은 어간에 붙는다.

**살아있는 어간 + -тар → 사역태**

сойуттар- 식게 하다, 냉각하게 하다 *сойут- 냉각하다; сой- 식다
өлөртор- 죽이게 하다 *өлөр- 죽이다; өл- 죽다
сытыттар- 부패하게하다 *сытыт- 부패시키다; сытый- 부패하다
кылгаттар- 줄이게 하다 *кылгат- 줄이다; кылгаа- 줄다
бөҕөргөттөр- 강하게 하다 *бөҕөргөт- 강화하다; бөҕөргөө- 강화되다

сабыннар- 덮이게 하다 *сабын- 덮이다; сап- '덮다'의 재귀태
ылыннар- 가지게 하다 *ылын 받아들이다, 가지다 ← ыл- 받다, 가지다
барсыбыннар- 함께 가게하다 *барысы- [상호태]서로 가다 ← бар- 가다
көрүһүннэр- 만나게 하다 *көрүс- [상호태]서로 보다 ← көр- 보다

тѳнүннэр- 돌아가게 하다 *тѳнүн- 돌아가다, тѳн- [죽은 어근]
холуннар- 악화시키다 *холун- 악화되다, -ун- [죽은 어근에 붙은 접사]
кыбыhыннар- 어지럽게 하다 *кыбыhын- 당황하다, кыб-ыс- [죽은 어간]

3 접미사 {-тар-}는 자동사 단음절 어간에 붙으며, 그 숫자가 많지는 않지만 어간 말에 주로 공명음 н, л을 갖는 경우에 붙는다.

муннар- 길을 잃게 만들다 *мун- 길을 잃다
сыннар- 기게 만들다 *сын- 기어가다
ууныар- 팔을 뻗게 하다 *уун- 팔을 뻗다
үүннэр- 기르다 *үүн- 자라다
кѳннѳр- 고치다, 교정하다 *кѳн- 교정받다

хааллар- 낫게 하다 *хаал- 낫다
уоллар- 마르게 하다, 말라죽게 만들다, 말리다 *уол- 말라서 적어지다
ууллар- 녹이다 *уул- 녹다
күллэр- 웃기다 *күл- 웃다

위 예들은 비생산적인 경우이다.

### ❹ 접미사 이형태 -ар(-эр, -ар, -ѳр)

접미사 이형태 -ар(-эр, -ар, -ѳр)가 일부 단음절 어간의 자동사에 붙는다.

буhар- 끓이다 *бус- 끓다
түhэр- 떨어뜨리다 *түс- 떨어지다
толор- 채우다 *туол- 차다
кѳhѳр- 이주시키다 кѳс- 이주하다

### ❺ 접미사 {-ыар, -иэр, -уор, -үѳр}

접미사 {-ыар, -иэр, -уор, -үѳр}는 비생산적인 형태로 드물게 자동사 어간에 붙는다.

сытыар- 눕히다 *сыт- 눕다
ириэр- 데우다 *ир- 데워지다
туруор- 세우다 *тур- 서다
сыhыар- 붙이다 *сыhын- 붙다

# 재귀태

## 1. 구성

접미사 **{-н/-ын-}**을 갖는다. 접미사와 인칭 어미 사이에는 **매개모음**이 삽입된다.

сууй 씻기다: суу***н*** + а + бын 씻다

көр 보다: көр***үн*** + э + бин 자신을 보다

суруй 쓰다: сур***ун*** + а + бын 자신에 관해 적다(비망록 등)

## 2. 시제형

현재시제형

예: суруй 쓰다

| | | | |
|---|---|---|---|
| Мин | сору*набын* | Биһиги | суру*набыт* |
| Эн | суру*наҕын* | Эһиги | суру*наҕыт* |
| Кини | суру*нар* | Кинилэр | суру*наллар* |

소과거 긍정 суру*ннум* ↔ 부정 суру*мматым*

대과거 긍정 суру*ммутум* ↔ 부정 суру*мматаҕым*

미래 긍정 суру*нуом* ↔ 부정суру*нуом суоҕа*

## 3 접미사 {−н/−ын−}

이 접미사들은 어간이 모음으로 끝나는가 아니면 자음으로 끝나는가에 따라 구분된다.

### ❶ 접미사 { -н- }

어말이 장모음이나 이중모음으로 끝나는 경우, 접미사는 {-н-}이 붙는다.

анаа- 임명, 지명하다 : анан- 지명, 임명되다

эрбээ- 톱으로 켜다 : эрбэн- 켜지다

холбоо- 연결하다; холбон- 연결되다
диэ- 말하다; дэн- 말해지다

◎ 이 경우 접미사 앞에서 장모음은 단모음으로, 어말 이중모음은 단모음으로 바뀐다. 그러나 아래 두 어휘는 예외이다.

예외 : ыа- 젖을 짜다 → ыан- 짜지다
сиэ- 먹다 → сиэн- (스스로) 먹다

❷ 접미사 {-ын-}

어말이 자음으로 끝나는 경우에는 접미사 {-ын-}이 붙는다.

ыл- 가져가다 : ылын- 착수하다(수동형 ылылын-)
көр- 보다 : көрүн- 보이다(수동형 көрүлүн-)
тик- 꼬매다 : тигин- 꼬매다(수동형 тилигин-)
сот- 닦다 : сотун- (자신을) 닦다(수동형 сотулун-)
баай- 묶다 : баан- (자신을) 묶다(수동형 баайылын-)
кыай- 할 수 있다, 이기다 : кыан- 자제하다(수동형 кыалын-)
харай- 저축, 보관하다 : харан- 저축하다(수동형 хmajлан-)
хай- 주위에 살포하다 : хайын- 자신에게 뿌리다(수동형 хайылын-)

## 4. 음성규칙

어말의 -й는 다음절어에서 항상 탈락한다. 그러나 장모음과 이중모음이 있는 단음절어에서는 가끔 보존되는 경우가 있다.

саай- 박다 саан- [재귀형] : саайын- [수동형]
тиэй- 가져가다 тиэн- [재귀형] : тиэйин- [수동형]

단모음으로 구성된 단음절어에서는 자음 й가 보존된다.

ый-가리키다 : ыйын- 자신을 가리키다
уй- 참다 : уйун- 자제하다

## 5. 재귀형의 파생

❶ 재귀형은 어근 동사와 사역 동사를 포함하여 타동사 의미를 가진 동사로부터만 만들어진다.

бус- 끓다 : буhар- 끓이다 : буhарын- 자신을 위해 끓이다
сой- 차가와지다 : сойут- 차갑게 하다 : сойутун- '자신을 위해 차갑게 하다'

❷ 재귀형은 타동사 의미의 파생동사로부터도 만들어진다.

абырахтаа- 고치다, 수리하다 : абырахтан- 스스로 고치다, (어떤 사람으로) 바뀌다

*абырах 수선, 수리

бүөлээ- 마개를 하다 : бүөлэн- 마개가 되다, 두문불출하다

*бүө 마개

Мин тымныы уунан *суунабын.*
나는 찬물로 씻는다.
Кини бараары тэриннэ. *тэрий- 준비하다, 갖추다
그는 떠날 준비를 하였다(떠나고자 하였다)
Хаhыакка суруннубут.
(우리는) 신문을 신청하였다.
Мин бэйэбин бэйэм көрүнэбин. *бэйэ 스스로
나는 스스로 봉사한다.
Кини бэйэтин көмүскэнэр.
그는 스스로를 방어한다.

# 수동태

## 1. 구성

수동태는 접미사 **{-н/-ылын}**을 갖고, 인칭 접미사를 붙인다.

ahaa- : ahaн- 먹히다
эрбээ- : эрбэн- (톱질 등으로) 켜게 하다

холбоо- : холбон- 연결되다
төлөө- : төлбөн- 지불되다
диэ- : дэн- 말해지다, 말하게 되다

## 2. 음성규칙

### ❶ 접미사 {-ылын}

어간이 자음으로 끝나는 동사에서는 접미사 **{-ылын-}**을 가진다.

сап- 닫다 : сабылын- 닫히다
тик- 꼬매다 : тигилин- 꼬매지다
сот- 닦다 : сотулун- 닦이다
көм- 파묻다 : көмүлүн- 파묻히다
хай- 주위에 살포하다 ; 막다 : хайылын- 살포되다
баай- 묶다 : баайылын-/баалын- 묶이다

### ❷ 이형태 /-лын-/

모음과 й로 끝나는 어간(V-й)에서는 접미사 {-ылын-}이 /-лын-/으로 바뀐다.

салай-보내다(방향) : салалын- 향하다
тэрий- 장치하다 : тэрилин- 채비하다, 갖추어지다
хомуй- 모으다 : хомулун- 모이다
көлүй- 일을 하게 하다 : көрүлүн- 일을 하게 되다

### ❸ 음운변화의 예

тутуллар- 세워진다
тут- 세우다, 짓다
тут-(у)- лун-(V)- бын → тутулл-а-бын/-гын/-р
↓ ↓ ↑
∅ л а

위 예는 야쿠트어에서 음운규칙이 적용되는 과정을 보여준다. 접미사 -лун-(/lun/)에서 모음 -у-(/u/)가 탈락하는 대신 자음 -н-(/n/)은 앞의 자음에 동화되어 -л-(/l/)이 된다. 그리고 접미사 -лун-과 어미 -бын 사이에는 모음조화에 의해 모음 /a/가 삽입된다.

## 3. 이형태

접미사 {-нылын-}은 모음 뒤에서 접미사 {-н-}이 수동태 {-ылын-}에 첨가된 이형태이다.

дэниллэр 그것들이 말해지고 있다

*диэ- 말하다; дэн- / дэнилин- 수동태

илдьи баттаныллын- 으깨지다, 분쇄되다

*илдьи 갈기갈기, 산산이, баттаа- 누르다; баттан- 눌리다

ирдэниллэр 그것들이 찾아지고 있다

*ирдээ- 찾다; ирдэн- / ирдэнилин- 찾아지다

холбонуллубут 우리가 연결된다

*холбоо- 연결하다; холбон-/холбонулун- 연결되다

## 4. 재귀태와의 구분

수동태와 재귀태는 문맥에 따라 또는 동사의 의미에 따라 구분된다.

수동태 의미를 강조해야 할 필요가 있을 때 수동태를 재귀태와 구분하고자 하는 경향이 있다.

## 5. 수동태의 파생

수동태는 보통 타동사(사역-타동사 포함)로부터 형성된다. 그러나 드물게 동작동사와 능동형 동사에서 형성되기도 한다.

барылын 통과되다 *бар- 가다

күлүлүн 웃음거리가 되다 *күл- 웃다

туоран 옮겨지다 *туораа- 돌리다, 옮기다

수동태가 파생형에서 형성되는 경우는 드물다. 의미적으로도 재귀태와 엄격하게 구분되지 않는다.

## 6. 논리적 주체와 행위자

### ❶ 논리적 주체

수동태 동사의 행위는 밖으로부터 주어진 것이다.
이때 행위의 논리적 주체는 표지되지 않는다.

| | |
|---|---|
| Дьиэ тутуллар | 집이 세워진다. |
| Сурук суруллунна. | 편지가 쓰여졌다. |
| Оскуола сотору аһыллыаҕа. | 학교가 곧 열릴 것이다. |
| Мунньах саҕалана илик. | 회의가 열리지 않았다. |
| Көлүллэр ат | 마구가 채워진 말 |
| Көрүллүөх боппуруос | 검토될 문제 |

### ❷ 행위자 조격

행위자 조격은 사용되지 않는다. 그러나 행위자를 밝히는 경우에는 수동태가 사용되지 않는다. 이 용법은 한국어에서도 동일하게 나타난다.

Дьиэни болуотунньук тутар. 집을 목수가 짓는다.
Мин аахпыт кинигэм. 내가 읽은 책

### ❸ 조격이나 여격

수동태 구문에서 조격이나 여격이 쓰일 수 있다.

Мас *сүгэнэн* кэрдиллэр. 나무를 도끼로 자른다.
Сир *хаарынан* бүрүллүбүт. 땅이 눈으로 덮이었다.
*Маска* охсулун. 나무에 부딪히다.

# 동반상호태

## 1. 구성

현대 야쿠트어에서 동반상호태는 문법화되어 안정적으로 이용된다.

접미사 {-с / -ыс} + 인칭접미사

кэл- 오다

| | | | |
|---|---|---|---|
| 단수 | 1. | кэлсэбин | кэлсиһэбин |
| | 2. | кэлсэҕин | кэлсиһэҕин |
| | 3. | кэлсэр | кэлсиһэр |
| 복수 | 1. | кэлсэбит | кэлсиһэбит |
| | 2. | кэлсэҕит | кэлсиһэҕит |
| | 3. | кэлсэллэр | кэлсиһэллэр |

көр- 보다

| | | | |
|---|---|---|---|
| 단수 | 1. | көрсөбүн | көрсүһэбин |
| | 2. | көрсөҕүн | көрсүһэҕин |
| | 3. | көрсөр | көрсүһэр |
| 복수 | 1. | көрсөбүт | көрсүһэбит |
| | 2. | көрсөҕүт | көрсүһэҕит |
| | 3. | көрсөллөр | көрсүһэллэр |

тиэй- 짐을 싣다, 운반하다

| | | | |
|---|---|---|---|
| 단수 | 1. | тиэйсэбин | тиэйсиһэбин |
| | 2. | тиэйсэҕин | тиэйсиһэҕин |
| | 3. | тиэйсэр | тиэйсиһэр |
| 복수 | 1. | тиэйсэбит | тиэйсиһэбит |
| | 2. | тиэйсэҕит | тиэйсиһэҕит |
| | 3. | тиэйсэллэр | тиэйсиһэллэр |

## 2. 접미사

### ❶ 접미사 {-с-}

접미사 {-с-}는 장모음이나 이중모음을 가진 어간에 붙는다.

ыллаа- : ыллас- 노래하다

үлэлээ- : үлэлэс- 일하다
отонноо- : отоннос- 딸기를 따다
төлөө- : төлөс- 지불하다
ыа- : ыас- 젖을 짜다
сиэ- : сиэс- 먹다
диэ- : дэс- 말하다

### ❷ 접미사 {-ыс-}

접미사 {-ыс-}는 자음으로 끝나는 어간에 붙는다.

бар-: барыс- 가다
кэл-: кэлис- 오다
сот-: сотус- 닦다
көр-: көрүс- 보다
баай-: баайыс-/баас- 묶다
тиэй-: тиэйис-/тиэс- 운반하다
хомуй-: хомуйус-/хомус- 모으다, 수확하다
харыһый-: харыһыс- 옹호하다
кынчарый-: кынчарыс- 의심쩍게 쳐다보다

## 3. 음성적 특성

접미사 앞에서 장모음은 단모음이 된다.

иэ → э: диэ- : дэс- ~와 말하다

다음절어에서 어말의 й는 탈락한다. -й가 임의적으로 보존되는 경우가 있다. 이것은 장모음이나 이중모음이 있는 단음절 어간 또는 2음절로 구성된 어간의 경우이다. [위를 참조 : тиэйис-, хомуйус-]

## 4. 이형태

접미사가 중첩된 이형태(-с- + ыс-) **{-сыс-(-сис-, -сүс-, -сус-)}**도 있다.

бар- : барыс- / барсыс- 가다
кэл- : кэлис- / кэлсис- 오다
көр- : көрүс- / көрсүс- 보다
тиэй- : тиэйэис- / тиэйэис- 운반하다

хомуй- : хомуйус- / хомуйсус- 모으다

Колхозка үлэлэhэбин. 나는 집단농장 일에 참여하고 있다.

*үлэлээ- 일하다, үлэлэс-

Оболор ытастылар. 아이들이 울음을 터뜨렸다. *ытаа- 울다; ытас-

## 5. 과정을 의미하는 소극적 행위동사에는 동반 상호태가 없다.

улаат- 커지다

үүн- 자라다

ыараа- 힘들어지다

ир- 녹다

куур- 마르다

тоң- 얼다

санаарҕаа- 슬퍼지다

сылай- 피곤하다

## 6. 동반적 의미와 상호적 의미의 구분

### ❶ 동반적 의미의 예문

Кини биhиэхэ от тиэйистэ. 그는 우리가 건초 나르는 것을 도왔다.

Кинилэр миигин кытта барсаллар. 그들은 나와 함께 가고 있다.

Оҕолор ытаhаллар. 아이들이 (함께) 울고 있다.

Дьоннор күлүстүлэр. 사람들이 (함께) 웃었다.

Чыычаахтар чыбыгыраhаллар. 새들이 (함께) 짹짹거리고 있다.

(감정적 뉘앙스를 강조)

### ❷ 상호적 의미의 동사와 예문

быраҕыс- 서로 던지다, 함께 던지다

көрсүс- 서로 쳐다보다, 함께 보다.

тардыс- 끄는 것을 돕다, 서로 끌다.

истис- 함께/ 서로 듣다 *иhит- 듣다

киирис- 함께 들어가다, 적대적이 되다

сылдьыс- 함께 가다, 서로 방문하다 *сырыт- 방문하다

иhиирис- 함께 휘파람을 불다, 서로 휘파람을 불다.

Оҕолор хаарынан бырахсаллар. 아이들은 서로 눈을 던지고 있다.

*бырағыс-, бырах- 던지다

Биhиги уруккуттан билсэбит. 우리는 오래 전부터 서로 알고 있다.

*билис-, бил- 알다

# 8 상

# 8. 상

상을 구성하는 방법에는 접미사에 의한 방법과 보조동사에 의한 방법이 있다. 접미사에 의한 상에는 **다회상**과 **가속상**이 있다. 보조동사를 이용하는 분석적 상에는 **시작상, 기동상, 지속상, 순간상, 종결상**이 있다.

## 접미사에 의한 상

### 1. 다회상 : (몇 번)~ 하곤 한다.

다회상 접미사에는 **{-талаа-, -ыталаа-, -таа-}**가 있다.

***-талаа (-тэлээ, -толоо, -төлөө)*** + 인칭접미사
***-ыталаа (-итэлээ, - уталаа, -үтэлээ)*** + 인칭접미사
***-таа*** + 인칭접미사

| | | |
|---|---|---|
| бар-***талаа***-т-ым | бар-***талаа***-т-ы-быт | 가곤 하였다 |
| бар-***талаа***-т-ыҥ | бар-***талаа***-т-ы-гыт | |
| бар-***талаа***-т-а | бар-***талаа***-т-ы-лар | |

| | | | [부정] |
|---|---|---|---|
| 현재 | бар-***талыы***-бын | ↔ | бар-***талаа-бап***-пын |
| 미래 | бар-***талыа***-м | ↔ | бар-***талыа***-м ***суоҕа*** |
| 소과거 | бар-***талаа***-т-ым | | бар-***талаа-бат***-ым |
| 대과거 | бар-***талаа***-быт-ым | | бар-***талаа-батаҕ***-ым |

... буойардыы сэмэлиирдии *кигинэйтэлиир*.

마치 금지하듯 질책하듯 (개가) 으르렁거리고 있다.

*буой- 금지하다, сэмэлээ- 질책, 비난하다, кигинэй- 으르렁거리다

... улахан остуолга *дадардаталаан* кэллэ.

큰 책상에 둔중한 몸짓으로 걸어서 왔다.

*дадай- 둔중한 몸짓으로 걷다

... хайдах да гыныан булбакка, суол устун төттөрү - таары *хаамыталаата*.

무엇을 할 지 모르고서 길을 따라 앞으로(갔다) 뒤로(갔다) 걸어가곤 했다.

*хаамп- 걸어다니다; хаамыталаа- 여기저기로 걸어가다

Сахаар Охоноoһойобус уонна да атын дьон эмиэ *барыталаабыт*тар.

자하르 아파나시예비치와 다른 사람들도 떠나곤 했다.

✻ -талаа- : -та- + -лаа-

접미사 -та는 다수성 지표의 의미를 가진 고어적 -т에서 유래하였다. 이것은 동사에서 기원한 행위 부사에서 생산적이다.

батары ас- '꿰뚫다' → батарыта ас- 여러 번 꿰뚫곤 하다.

тосту тут- 손으로 망가뜨리다 → тостурута тут- 몇 군데서 몇 개를 망가뜨리다.

✻ 서수사는 기수사에 접미사 -та를 붙여 만들어진다.

үс*тэ* 3번 түөр*тэ* 4번

отут*та* 30번 сүүс*тэ* 100번

## 2. 가속상(ускорительный)

순간적으로, 또는 빠른 속도로 진행되는 행위를 나타낸다.

### ❶ 가속상 접미사

-бахтаа (-бэхтээ , -ботоо , -бөхтөө)

-пахтаа (-пэхтээ , -потоо , -пөхтөө)

-махтаа (-мэхтээ , -мотоо , -мөхтөө)

가속상은 접미사 뒤에 인칭 접미사를 붙여 구성된다.

бар*бахтаа* -тым бар*бахтаа* -ты -быт

бар*бахтаа* -тыҥ　　　бар*бахтаа* -ты -гыт

бар*бахтаа* -та　　　бар*бахтаа* -ты -лар

현재 [긍정] суруй-бахтыы-бын　　[부정] суруй-бахтаа-бап-пын

미래 [긍정] суруй-бахтыа-м　　[부정] суруй-бахтыа-м суоҕа

소과거 [긍정] суруй-бахтаа-т-ым　　[부정] суруй-бахтаа-бат-ым

суруй- 쓰다: [가속상 소과거]

суруй*бахтаа*тым　　　суруй*бахтаа*тыбыт

суруй*бахтаа*тыҥ　　　суруй*бахтаа*тыгыт

суруй*бахтаа*тыта　　　суруй*бахтаа*тылар

대과거 [긍정] суруй-бахтаа-быт-ым [부정] суруй-бахтаа-батаҕ-ым

## ❷ 형태동사와 의성동사

형태동사와 의성동사에서 가속상이 많이 나타난다.

барыҥнаа- '(어둠 속에서) 희미한 그림자가 움직인다.'

⇒ барыҥнаа-махтаа- '희미한 그림자가 재빨리 나타났다 사라지다.

сырылаа- 쉬쉬 소리를 내다, 톡톡 소리를 내다

⇒ сырылаа-махтаа- '(불 속의 기름처럼) 격렬한 소리를 내다.'

доргой- '쾅 소리 , 천둥소리가 나다.'

⇒ доргойбохтоо- '(총 소리 등이) 여러 번 쾅쾅 소리 나다.'

## ❸ 어원

접미사 {-бахтаа-}는 {-бах-}와 {-таа-}가 합쳐진 형태이다.

{-таа-}는 동사 형성소 {-лаа-}의 이형태이다.

{-бах-}는 동사로부터 명사를 만드는 접미사였다.

예: тар*бах* 손가락 *тараа- 세다

эр*бэх* 큰 손가락

сып*пах* 둔한 사람 *сыппаа- 둔해지다

хас*пах* 동굴 *хас- 파다

көтү*мэх* 무식한 사람 *көт- 빠뜨리다, 통과시키다

туруор*бах* 독신자 *туруор- 세우다

지금은 생산성을 잃고 가속태 접미사로 남아 있다.

### ❹ 의미

가속상은 1) 행위의 가속과 2) 지속행위의 불충분(행위 중단의 가속)을 의미한다.

тур- 서 있다

турбахтаа- 더 빨리 서다 : 얼마동안 서 있다

суруй-

суруйбахтаа- 더 빨리 쓰다 : 약간 쓰다

олор-

олорбохтоо- 더 빨리 앉다 : 얼마동안 앉아있다

хаамп- 걷다

хаампахтаа- 더 빨리 걷기 시작하다 : 얼마동안 걷다

аах-

аахпахтаа- 더 빨리 읽다 : 얼마동안 (약간) 읽다

сыт-

сыппахтаа- 더 빨리 눕다 : 얼마동안 누워 있다

### ❺ 부사적 뉘앙스

행위의 지속성과 집중성을 추가한다.

үлэлээхтээ- 1) 더 빨리 일하다
2) 얼마동안 일하다
3) 충분히, 많이 일하다

Ыччыы ычча..- Чэ, хаам*пахтаа*.
아유, 추워! 걷기라도 해라.

Оҕонньор киһитин саннын таптай*бахтаа*та.
노인은 자기 사람의 어깨를 약간 쳤다

Саҥата суох ис*пэхтээ*тилэр.
(그들은) 말없이 얼마동안 갔다

cf. саҥата суох истилэр. 말없이 그들은 (상당히) 갔다

### ❻ 보조동사

보조동사는 본동사의 "가속성"을 명확하게 한다.

суруйбахтыы- түс- 약간 쓰다
суруйбахтыы- оҕус- /тарт- 또 써 보다, 빨리 써 내다
суруйбахтаан ыл- 약간 쓰다
суруйбахтаан биэр- 많이 오래 쓰다, 또 쓰다

Ыһыырынньык уота симириктээмэхтээн ылла.
등잔불 불빛이 갑자기 깜박거렸다.
*ыл- : 짧은 시간의 행위를 더욱 강조한다.

## 분석적 상

분석적 상은 보조동사를 이용하여 만들어지는 상 형태이다.

### 1. 방법

접미사 **{-ан-}** 또는 **{-а/-ыы-}**을 갖는 부동사 형태에 보조동사를 붙이어 만들어진다.

ытаан бар- 울기 시작하다
ыллаан эрэр 그는 노래하기 시작했다
кэпсэтэн ис- 이야기하기를 계속한다.
сиэн кэбис- (남김없이) 다 먹다
бара тур- 가기를 계속하다
өйдүү сырыт- 암기하기를 계속하다, 계속 기억하고 있다
кэпсии түс- 약간 이야기하다(이야기하기를 약간 하다)
этэ оҕус- 말하기를 더 빨리하다

### 2. 상 표시로 자주 이용되는 조동사

бар- 떠나다
ис- 가다
түс- 떨어지다
тарт- 당기다
тур- 되다, 서다
сырыт- 다니다
оҕус- 때리다, 치다
кэбис- 던지다

хаал- 날다
киир- 들어가다
ыл- 가져가다
кэл- 오다
таҕыс- 나가다
биэр- 주다

## 3. 상 형성 조동사

### ❶ эр-

이 동사는 상 형성 조동사로서만 기능한다.

Үлэлээн эрэр 그는 공부하기를 시작한다
Самыыр түһэн эрэр 비가 오기 시작한다
Хонуу көҕөрөн эрэр 들이 푸르러지기 시작한다

### ❷ 순간적 행위와 종료 상황의 표현

◉ -а/-ыы- 부동사 + оҕус- 구문은 행위의 순간성을 의미한다.

бара оҕус (가능한 한) 빨리 떠나다
тахса оҕус 당장 나가다

◉ -ан- 부동사 + кэбис-, хаал- 구문은 행위의 종료성을 의미한다.

сиэн кэбис (남김없이) 다 먹다
сапсыйан кэбис 손을 흔들다
баран хаал (완전히) 떠나다, 가 버리다
сүтэн хаал (완전히) 사라지다

### ❸ 유사 구문의 상 의미 표현

◉ 본동사와 киир-의 -ан 부동사 + бар-

суруйан  киирэн бар  쓰기 시작하다
үлэлээн киирэн бар 일하기 시작하다 *киир- 들어오다, 시작하다, 착수하다

◉ -быт 형동사 + 도구격 접미사 + бар-

이 때 동사 бар-는 시작상을 나타내는 보조적 기능을 한다.

аhaабытынан бар 곧 먹기 시작하다
хаампытынан бардылар 그들은 곧 행진하기 시작하였다
кэпсээбитинэн барда 그는 즉각 말하기 시작하였다

## ❹ 타동사 ис-

1 상 형성 기능을 하는 반면, 어휘적 의미가 투명하게 나타나 본래의 의미가 부여된다. 따라서 동사 ис-는 이중적 의미를 지닌다.

**ис-** 가다

хааман ис- (a)걷기를 계속하다 *хаамп- 걷다
(b)걸으면서 가다

ыстаҥалаан ис- (a)깡충깡충하기를 계속하다 *ыстаҥалаа- 깡충깡충 뛰다
(b)깡충깡충 뛰면서 가다

сыылан ис- (a)기어가기를 계속하다 *сыыл- 기다
(b)기어서 나아가다

2 동사 ис-는 이중적 의미 양태를 보여준다.

1. -ан 부동사과 결합하면, 즉 **-ан** 부동사 + **ис-**의 구문에서는 보조적 의미를 수행한다.

   ааҕан ис 읽기를 계속하다
   кэпсээн ис 말하기를 계속하다

2. -а/-ыы 부동사와 결합하면, 즉 **-а/-ыы** 부동사 + **ис-**의 구문에서는 직접적 의미를 수행한다.

   ааҕа ис 읽으면서 가다
   кэпсии ис 말하면서 가다

## ❺ 타동사 тур-, түс-

동사 тур- '서 있다'와 түс- '떨어지다, 내려가다'는 부동사와 결합할 때 본동사와 보조동사의 이중적 기능을 보여준다. 이 구문들은 야쿠트어 문법에서 아직 해결되지 않은 문제들 중 하나이다.

кэпсии тур (a)이야기하기를 계속하다
(b)이야기하면서 서 있다

ааҕа тур (a) 읽기를 계속하다
(b) 읽으면서 서 있다

көрдөрө тур (a) 보여주기를 계속하다
(b) 보여주면서 서 있다

көрө түс (a) 빨리, 약간 쳐다보다, 일별하다
(b) 보기 위해 내려가다

аhыы түс (a)약간 먹다
(b) 먹으려고 내려가다

많은 경우 тур-와 тус-가 어휘적 의미로 간주될 가능성은 완전히 배제되어 있다. 이 동사들의 어휘적 의미와 보조적 의미의 관계는 **대립적**인 것으로 보인다

хаама тур 걷기를 계속하다

бара тур 가기를 계속하다(계속 가다)

быга тус 약간 튀어나오다 *бык- 튀어나오다

조동사 тус-는 -а형 부동사 보다 **-аары 형** 부동사와 결합하는 경우가 더 많다.

көрө тус < көрөөрү тус 보기 위해 내려온다

аһыы тус < аһаары тус 먹기 위해 내려온다

### ❻ -ан, -а/-ыы + 기능적 조동사 구문의 이중성

이 구문은 문법적 상을 형성하지만, 또한 문맥에 따라 자유로운 상황을 표현하는 어구로도 해석된다.

이 구문에 쓰이는 조동사에는 бар-와 сырыт-이 있다.

[1] 조동사 бар-

аһаан бар- ① 먹기 시작하다
② 나 벅고 떠나다

үлэлээн бар- ① 일하기 시작하다
② 다 일하고 떠나다

күлэн бар- ① 웃기 시작하다
② 웃고서 떠나다

[2] 조동사 сырыт-

1) 뉘앙스 : “다니다, 있다, 존재하다, 거주하다”

Бөрө тыаҕа сылдьар 늑대가 숲에 살고 있다

Бэргэһэн бу сылдьар 너의 모자가 여기 있다.

2) 보조적 의미:

-а(-ыы) 부동사로 표현되는 행위를 본동사로 간주하면, 조동사 сырыт-은 지속성이나 일상성을 나타낸다.

саныы сырыт 계속 생각하다, 생각하기를 계속하다

күлэ сылдьар 그는 항상 웃는다

охто сылдьар 그는 계속 넘어진다

동사 сырыт-에서는 보조적 의미와 어휘적 의미의 관계가 밀접하여 의미적 이중성을 나타내는 경우가 많다.

билэ сырыт ① (항상) 알고 있다
② 알고서 가고 있다

оонньуу сырыт ① 계속 장난을 치다
② 장난치며 간다

야쿠트어에서는 상 형성의 문법적 표현을 위한 기본적인 기능적 보조 동사들의 특수화 경향이 강하게 나타나고 있다.

## 4. 보조동사의 형식적, 의미적 특성

### ❶ 어휘적 의미를 최대한 형식화하고 추상화한다.

1. 보조동사가 문법적 의미를 가진 형태적 형성소(접사)에 가깝게 된다.
2. 부동사 구문의 의미를 추가하는 기능을 한다.
3. 부동사에 의해 표현되는 행위의 특성을 보여준다.

### ❷ -ан , -а(-ыы) 부동사

상의 분석적 구조에서 주요 의미를 나타내는 성분은 **-ан , -а(-ыы) 부동사**이다.

"-ан + 기능적 보조동사"와 "-а(-ыы) + 기능적 보조동사"는 상 구조의 형식적 기반이다.

### ❸ "부동사 -ан/-а(-ыы) + 기능 보조동사"구조

"부동사 -ан/-а(-ыы) + 기능 보조동사" 구조는 분리될 수 없는 문법 형태이다. 이것들은 내적으로 상호 관계를 가지고 숙어 형태로 굳어져 있다.

이 구조에서 부동사는 본래의 부사적 기능을 상실한 반면, 기능 보조 동사는 자립적 술어성을 상실하였다.

### ❹ 두 번째 성분의 역할

두 번째 성분에 결합된 형성소들은 첫 번째 의미 성분의 내용을 명확히 하는 역할을 한다.

기능 보조동사는 원래의 어휘 의미를 상실하였다.

бара турда　그는 계속 갔다.
бара турдум　나는 계속 갔다.
бара турбутум　나는 (과거에) 계속 갔다, 갔었다.
бара туруоҕа　그는 계속 갈 것이다.
бара турун　계속 가시오.

Оскуолаҕа бара турда　그는 학교에 계속 갔다.

### ❺ 상의 의미

상의 의미는 기능 보조 동사에 의해 부가된다. 그러나 분석적 구문에서 의미의 제1 요소는 동사 어간이다. 부동사 접미사와 기능 보조 동사는 제2 요소로서 보조적 역할만 수행한다.

＊ 접미사 형태소를 가진 형식적 요소:
① -ан 부동사 + 기능 보조 동사
② -а(-ыы) 부동사 + 기능 보조동사

한국어와 비교할 때 부동사는 실제로 **본동사**의 역할을 한다. тур-와 같은 동사는 상의 의미를 부여하는 보조동사임에 틀림없다. 야쿠트어 문법에서는 아직 이러한 문제에 대해 명확한 해답을 내놓지 못하고 있는 것으로 보인다.

## 5. 상의 종류

-ан, -а(ыы) 부동사 구조는 야쿠트어의 모든 동사로부터 형성 가능하다.

모든 상 형태의 의미를 중립적인 동사 어간과 대비한다면, 분석적 상 범주는 야쿠트어에서 아주 활발하게 발전되고 있는 문법범주이다.

이러한 상 의미로 **기동상, 지속상, 종결상, 순간상**이 있다.

## ❶ 기동상

| 부동사 -ан | + 조동사 бар- |
|---|---|
| | + 조동사 эр- |
| | + 형동사 бар-быт + 도구격 접미사 |

1 -ан 부동사 + бар-

이 구문은 행위의 시작, 계속, 제한없는 지속을 나타낸다.

Күн киэһэрэн барда. 낮이 어두워지기 시작하였다. *киэһэр- 어두워지다

Тулабар көтөр саҥата-иҥэтэ хойдон барда.

내 주변에서 새소리가 더욱 커지기 시작하였다. *хойун- 짙어지다

Халлаан сырдаан, дьыбар күүһүрэн барда.

하늘이 밝아지고 추위가 심해지기 시작했다. *сырдаа- 밝아지다, күүһүр- 세지다

2 -бытынан бар-

이 구문은 시작의 상, 행위의 신속성의 뉘앙스를 나타낸다.

Көстөкүүн атын диэки хаампытынан барда.

콘스탄틴은 자기 말 쪽으로 곧바로 걸어갔다. *хаамп- 걸어가다

Мин уолу кытта кэпсэппитинэн бардым.

나는 사내애와 즉시 말을 걸었다. *кэпсээ- 말을 걸다

3 -аат 부동사

이 구문은 행위 시작을 서두른다는 뉘앙스를 나타낸다.

Москваҕа тиийээт, мин тэлэгирээммэ ыыта охсуом...

모스크바에 도착하자마자 나는 전보를 곧바로 치겠다.

*тиий- 도착하다, ыыт- 보내다, оҕус- 치다

Микиитэ санаатын аралдьытаары, хап-сабар аахпытынан барар.

니키타는 생각에서 벗어나려고 즉시 책을 읽기 시작한다.

*санаа- 생각하다, аралдьый- 벗어나다, аах- 읽다

4 -ан +эр-

이 구문은 행위의 시작과 완성을 의미하며, 행위의 지속을 보여 주는 뉘앙스를 가진 기동상의 의미를 가진다.

Халлаан сырдаан эрэр.

밝아 오고 있다. (하늘이 밝아지기 시작한다)

Сарсыарда халлаан сырдаан барда. Туман көтөн эрэр.
아침에 하늘이 밝기 시작하였다.　안개가 걷히기 시작하였다.
*көт- 날다, 뛰어넘다

과거 시제에서는 과정을 보여 준다.

Бөөлүүн этиҥ этэн эрэрэ. 오늘밤 천둥이 쳤다　*эт- 천둥치다, 말하다

조동사 эр-는 일정 기간 행위가 지속된다는 뉘앙스를 나타낸다.

манна туран эр　여기 잠깐 서 있어라.
үлэлээн эриҥ　잠깐 일해라.
күүтэн эриэхпит　(우리가) 잠깐 기다리겠다.

## ❷ 지속상

[1] 이 상은 행위의 지속성을 보여 준다.

хааман ис- 계속 걷다　*хаамп- 가다
өйдүү сырыт- 항상 기억하다　*өйдөө- 기억하다
сүүрэ тур- 계속 뛰다　*сүүр- 뛰다

지속상에서 쓰이는 기능 조동사로는 **ис-** '가다', **сырыт-** '걷다, 거주하다', **тур-** '서 있다'가 있다.

[2] 지속상의 문법화된 의미

(1) 지속 행위 의미 :

| 부동사 | -ан | + 조동사 ис- |
|---|---|---|
| | -а(-ыы) | + 조동사 тур- |

баран ис- 계속 가다
ааҕан ис- 계속 읽다
сүүрэ тур- 계속 뛰다

(2) 항시적 행위 의미 :

① **-а(-ыы)+сырыт**

саныы сырыт- 항상 생각하다.

күлэ сырыт- 항상 웃다 *күл- 웃다

тосто сылдьар- 항상 망가진다 *тоһун- 망가지다

② **-ан + ис-**

ыйытан ис- 매번 묻는다 *ыйыт- 묻다, 질문하다

баран ис- 매번 떠난다

тутан ис- 매번 잡는다

③ **-а + тур-**

кэлэ тур- 항상 온다

этэ тур- 항상 말한다 (계속 말하고 또 말한다)

буруйду тур- 항상 비난하다 *буруйдаа- 비난하다

Баҕар, билигин миигин өйдүү сылдьар буолуо.
아마도 지금 (그는) 나를 항상 기억하고 있을 것이다. *өйдөө- 기억하다
Бу тиис хамсыы сылдьар. 이 이가 항상 흔들린다.
*хамсаа- 움직이다, 흔들리다
Харандааһын уһуга тостон иһэр. 그의 연필심이 항상 부러진다.
*тоһун- 망가지다, 부러지다
Кини кэлэ турар. 그는 항상 온다.

ис-와 сырыт-은 보편적으로 사용된다. 반면에 тур-는 의미와 문체에 의해 제한된다.

## ❸ 종결상

| 부동사 | -ан | + 조동사 кэбис- '던지다' |
|---|---|---|
| | -а(-ыы) | + 조동사 хаал- '남다' |

сиэн кэбис- 다 먹다.
сапсыйан кэбис- 쫓아내다.
алдьанан хаал- 완전히 망가지다.
илийэн хаал- 완전히 젖다.

... күлэн хахааран кэбистэ  크게 소리치며 웃음을 터뜨렸다.

*хахаар- 수탉처럼 소리치다

Онтон Арамааскы тахсан дьиэтигэр баран хаалбыт.

그 이후 로마스크는 나가서 집으로 가버렸다.

Тыа быыһынан сүүрэн күлүкүчүйэн хаала...

숲(나무) 속으로 뛰어가서 사라졌다.

*күлүк 그림자, 그늘, күлүкүс- 그림자처럼 희미하게 보이다, сүүр- 뛰다

＊ -ан + кэбис - :

이 구문은 매우 생산적이다. 타동사에서 형성되며, 일부 자동사에서도 만들어진다. 보통 긍정문에서 쓰이나 드물게 부정문에서도 만들어진다.

＊ -ан + хаал- :

보통 자동사에서 형성된다.

주로 타동사에서 쓰이는 -ан + кэбис와 상보적 형태로 간주된다.

### ❹ 순간상

1 순간상은 행위의 신속, 서두름, 순간성 등을 나타낸다,

| 부동사 | -а(ыы) + 조동사 түс- '내려가다, 떨어지다' |
|---|---|
| | -а(ыы) + 조동사 оҕус- '치다' |

순간상은 매우 문법화된 형태로 행위의 특수성을 강조한다.

-а(ыы) + түс- : 특히 생산적이다.
순간적 일회적 의성동사와 모양동사에서 자주 형성된다.
소리 현상이나 행위 발생의 갑작성, 순간성을 강조한다.

-а(ыы) + оҕус- : 부정문에도 사용된다.

2 -а(ыы) + түс-

이 구문의 가장 문법화된 의미는 찰나성, 불충분성, 돌연성, 비기대성 등이다

олоро түс- : 잠깐 앉다, 갑자기 앉다, 곧 떠나다

Комиссия чилиэттэрэ... сүбэлэhэ түстүлэр.

위원회 위원들은 약간 상의하였다. *сүбэлээ- 상의하다

Тугу эрэ өйдөөбүт курдук тура түстэ.

무언가를 생각하는 것처럼 그는 잠시 서 있었다.

Макаар дьик гына түстэ.

마카르는 갑자기 몸을(부르르)떨었다. *дьик гын- 몸을 떨다, 전율하다

3 -а(ыы) + оҕус- :

이 구문은 신속, 서두름을 나타낸다.

Киhи кэпсии олордоҕуна бар гыннара оҕустаҕын.

그 사람이 말하는 중에 너는 갑자기 쾅 소리를 내었다.

Арамаан... көрүдьүөстүк лыкыччы тутта оҕуста.

로만은 갑자기 장난스럽게 머리를 어깨에 끌어넣었다.

*көрүдьүөс 오락, 심심풀이, 놀이, лыкый- 머리를 어깨에 끌어넣다, тутта; тутун- '행동하다'의 부동사

# 9 형동사

# 9. 형동사

## 개념

형동사라는 개념은 러시아어적 문법 개념이다. 러시아어 문법에서는 동사가 형용사 기능을 수행하는 것으로 규정되어 있지만, 야쿠트어 문법에서는 동사에서 파생된 형태로 명사와 동사 역할을 하는 것으로 규정하고 있다. 그러나 이러한 개념 설정은 교착어 형인 야쿠트어에 맞지 않는다고 보인다. 야쿠트어 문법에서 말하는 형동사는 동사 어구의 **본동사**라고 보는 것이 합당하다.

야쿠트어에서 형동사는 기본적으로 시제를 나타내고, 서술어 역할을 한다. 그리고 주절과 종속절의 역할도 한다.

야쿠트어 문법학자 우브랴토바(Ubrjatova)는 형동사에서 6개의 격을 인정한다. 이 형동사들은 의미적으로 1. 행위자, 2. 행위 대상, 3. 행위 도구, 4. 행위자체, 5. 대상을 나타낸다.

형동사는 기능적으로 명사화되어 명사의 기능을 수행하거나, 형용사화되어 형용사의 기능을 수행하기도 한다.

형태적으로 기본형은 접미사 **{-ар/-ыыр}**, **{-быт}**, **{-ытах}**, **{-тах}**의 4가지 형태를 갖는다. 부차형으로 접미사 **{-ардаах(← -ар + -лаах)}**, **{-ыахтаах(← -ыах + -лаах)}**, **{-быттаах(← -быт + -лаах)}**, **{-ааччы, -а / -ыы + илик}**를 갖는 것들도 있다.

# –ар / –ыыр 형동사

## 1. 접미사 –ар와 –ыыр는 동일한 의미를 갖는다.

{-ар/-эр/-ор/-өр}는 어간이 **자음**으로 끝나는 동사에 붙고, {-ыыр/-иир/-уур/-ҮҮр}는 어간이 **장모음이거나 이중 모음**으로 끝나는 경우에 붙는다.

бар- : бар**ар**-, көр- : көр**өр**-

санаа- : сан**ыыр**-, диэ- : **диир**-

부정형은 접미사 **{-бат/-пат/-мат}**를 가진다.

형동사의 시제는 **현재**와 **직설법 미종결 과거** 두 가지가 있다. 형동사 뒤에는 술어 접사가 따라온다.

бар- "가다"

| | | | |
|---|---|---|---|
| 단수 | 1. барабын | 복수 | барабыт |
| | 2. бараҕын | | бараҕыт |
| | 3. барар | | бараллар |

"가지 않다"

| | | | |
|---|---|---|---|
| 단수 | 1. барбаппын | 복수 | барбаппыт |
| | 2. барбаккын | | барбаккыт |
| | 3. барбат | | барбаттар |

과거시제에는 **불완전 동사 э-**의 변화형이 붙는다.

"갔다"

| | | | |
|---|---|---|---|
| 단수 | 1. барар этим | 복수 | барар этибит |
| | 2. барар этиҥ | | барар этигит |
| | 3. барар этэ | | барар этилэр/<br>бараллар этэ |

"가지 않았다"

| | | | |
|---|---|---|---|
| 단수 | 1. барбат этим | 복수 | барбат этибит |

| | | | | |
|---|---|---|---|---|
| | | 2. барбат этиҥ | | барбат этигит |
| | | 3. барбат этэ | | барбат этилэр/ барбаттар этэ |

과거시제에서는 본동사에 해당하는 형동사와 조동사에 해당하는 술어 동사가 통합된 **통합형**이 많이 쓰인다.

| | | | | |
|---|---|---|---|---|
| 긍정 : | 단수 | 1. бар***ар***ым | 복수 | бар***ар***быт |
| | | 2. бар***ар***ыҥ | | бар***ар***гыт |
| | | 3. бар***ар***а | | бар***ал***лара |

| | | | | |
|---|---|---|---|---|
| 부정 : | 단수 | 1. бар***бат***ым | 복수 | бар***бап***пыт |
| | | 2. бар***бат***ыҥ | | бар***бак***кыт |
| | | 3. бар***бат***а | | бар***бат***тара |

## 2. 술어적 용법 : {−ар− /−ыыр−(−бат)}

접미사 {-ар- / -ыыр-(бат)}가 술어로 쓰이는 경우도 있다.

Ваня утуйа *сытар.* 바냐가 자고 있다. *утуй- 자다, сыт- 누워있다

Ваня эһиил үөрэҕин *бүтэрэр.* 바냐는 내년에 공부를 끝낸다.

Ваня киинэҕэ супту *сылдьар* этэ. 바냐는 항상 영화관에 가곤 했다.

*супту 항상

접미사 {-ар/-ыыр-(бат)}가 종속절의 술어 역할을 할 수도 있다.

Ваня утуйа **сытарын** көрдүм.

바냐가 자고 있는 것을 (내가) 보았다.

Ваня утуйа **сытарыттан** кыбыстан киирбэтим.

바냐가 자고 있는 것에 당황하여 (나는) 들어가지 않았다.

Ваня утуйа **сытарыгар** кэтиллэ түстүм.

바냐가 자고 있는 것을 (내가) 보게 되었다.

*кэт- 만나다, 부딪히다, кэтилин- [수동태]

Ваня үөрэххэ **барбатыттан** мөккүөр төрүттэннэ.

바냐는 공부하러 가지 않겠다고 해서 논쟁이 벌어졌다.

*төрүттээ- 시작하다, мөккүөр 논쟁

### 3. 후치사와 함께

형동사 뒤에 후치사가 함께 쓰이는 경우가 있다.

Ваня тахс***арын кытта*** ийэтэ дьиэтин хомуйбутунан барда.
바냐가 나가자마자 그의 어머니가 집을 청소하기 시작하였다.
Ваня үөрэн***эрин тухары*** биһиги киниэхэ көмөлөһөрбүтүн тохтотуохпут суоҕа.
바냐가 공부하고 있는 동안 우리는 그를 돕는 것을 멈추지 않았다.

*тохтоо- 멈추다　　көмө- 도움; көмөлөөх 도와주는; 도움으로
тохтот- [촉진] 멈추다　　көмөлөс- '돕다'+өр+бүт+үн ⇒ көмөлөһөрбүтүн 돕는 것을 형동사 현재시제 대격

### 4. "–ар/–ыыр(–бат)의 여격" 구문

이 구문은 미정형과 같은 역할을 하며, 무인칭문의 술어적 기능을 수행한다.

Приказ : таммах хаан хаалыар диэри *тур**ар**га.*
명령 : 한 방울의 피가 멈출 때까지 서 있어라.
*хаал- 서다, 멈주다, хаан 피, таммах 방울

### 5. 복합술어 기능

"-арга(-бакка) 미정형 + 동사"는 복합술어의 역할을 한다.

Врачтар күчүүмэҕэй усулуобуйаҕа *үлэли**иргэ** тиийэллэр.*
의사들은 어려운 조건에서 *일할 것을* 강요받고 있다. *тиий- 다다르다, 살아남다
Ваня кинини кытта өтөрү-батары *кэпсэт**эргэ** санаммыта.*
바냐는 그와 단호하게 *말할 것을* 결심했다. *санаа- 생각하다, 바라다

### 6. 통사적 기능

형동사가 주어, 수식어, 목적어의 기능을 수행한다.

주어 : **Үлэлиир** аһыыр, **үлэлээбэт** аһаабат.
*일하는 사람*은 먹고 *일하지 않는 사람*은 먹지 않는다

수식어 : Үчүгэйдик үлэл**иир** киһини бириэмийэлээччилэр.

*일 잘하는* 사람은 보통 상을 받는다

목적어 : Урут Петя сарсыарда детсадка **барарыттан** сылаартыыр буолара.

전에는 페탸가 아침에 유치원에 *가는 것을* 힘들어 했다.

Истэ**ринэн** истэрим да, көрө илигим.

*들리는 것을* 들었지만 아직 보진 못했다.

## 7. 부사어 기능

❶ "-ар / -ыыр(-бат)의 조격/여격" 구문이 부사어 역할을 수행한다..

Ким хайдах саты**ырынан** кэпсэтэр, билсиһэр.

누구나 *능력대로* 이야기하고 친해진다.

Ээйиктэн төннөрб**өр**...

(내가) 에이카에서 *돌아왔을 때*...

이 구문은 문맥의 **도입부**로도 쓰인다.

Киһи *бил**эринэн***, ... *아는 바와 같이*

Мин ***көрөрбөр*** кини үлэтэ бухгалтер үлэтигэр улаханнык маарынныыр.

내가 *본 바에 의하면* 그의 일은 경리원의 일에 무척 가깝다.

Кырдьыга, ити эн ***этэргэр*** дьылы, ...

사실상 네가 *말하는 것처럼*

***Биллэрин*** курдук, манна киһи олорбот.

*아시다시피* 여기선 사람이 살지 않는다.

***Биллэн*** турар, кини маны билбэт.

*당연히* 그는 이것을 모른다.

❷ "-ар + -лыы(-тыы, -дыы, -ныы)" 구문

... кинилэри кытта тыыннаах дьоннору кытта *кэпсэт**эрдии*** кэпсэтэрэ.

(그녀는) 그들과 살아있는 사람들과 *말하고 있는 것처럼* 말하였다.

## -быт 형동사

### 1. 접미사 {-быт}

접미사 {-быт}는 음운적 환경에 따라 이형태를 가지고 있다. 어간이 모음, 이중모음, 자음 р와 л로 끝나는 경우 **{-бат, -бит, -бут, -бүт}**, 어간이 공명자음 м, н, нг으로 끝나면 **{-мыт, -мит. -мут, -мүт}**, 어간이 무성자음으로 끝나면 **{-пыт, -пит, -пут, -пүт}**이 붙는다.

-быт 형동사에 대한 부정형에는 접미사 **{-батах-}**가 활용된다.

### 2. 직설법 과거 어간 + -быт- + 소속의 접미사

#### ❶ 서술적 대과거 시제

"가버렸다"

| | | | |
|---|---|---|---|
| 단수 | 1. бар-бат-ым | 복수 | барбып-пыт |
| | 2. бар-бат-ыҥ | | бар-бык-кыт |
| | 3. бар-бат-а | | бар-быт-тара |

**[부정]**

| | | | |
|---|---|---|---|
| 단수 | 1. бар-батаҕ-ым | 복수 | бар-батах-пыт |
| | 2. бар-батаҕ-ыҥ | | бар-батах-хыт |
| | 3. бар-батаҕ-а | | бар-батах-тара |

#### ❷ 결과적 과거 시제 제1형

| | | | |
|---|---|---|---|
| 단수 | 1. бар-бып-пын | 복수 | бар-бып-пыт |
| | 2. бар-бык-кын | | бар-бык-кыт |
| | 3. бар-быт | | бар-быт-тар |

**[부정]**

| | | | |
|---|---|---|---|
| 단수 | 1. бар-батах-пын | 복수 | бар-батах-пыт |
| | 2. бар-батах-хын | | бар-батах-хыт |

3. бар-батах бар-батах-тар

❸ 대과거

| | | | |
|---|---|---|---|
| 단수 | 1. барбыт этим | 복수 | барбыт этибит |
| | 2. барбыт этиҥ | | барбыт этигит |
| | 3. барбыт этэ | | барбыт этилэр |

[부정]

| | | | |
|---|---|---|---|
| 단수 | 1. барбатах этим | 복수 | барбатах этибит |
| | 2. барбатах этиҥ | | барбатах этигит |
| | 3. барбатах этэ | | барбатах этилэр |

❹ 경험적 과거 시제 제2형

| | | | |
|---|---|---|---|
| 단수 | 1. барбытым баар | 복수 | барбыппыт баар |
| | 2. барбытыҥ баар | | барбыккыт баар |
| | 3. барбыта баар | | барбыттара баар |

[부정]

| | | | |
|---|---|---|---|
| 단수 | 1. барбытым суох | 복수 | барбыппыт суох |
| | 2. барбытыҥ суох | | барбыккыт суох |
| | 3. барбыта суох | | барбыттара суох |

Ваня дьонугар сурук *суруй**бут***.
바냐는 자기 부모에게 편지를 썼다.
Ол киэhэ кини дьиэтитэр *кэл**бэтэҕэ***.
그날 저녁 그는 집으로 오지 않았다
Бүөтүр куоракка ***киирбит*** *этэ*.
표트르는 도시에 갔었다(갔더라)(결과형)

## 3. 비기본격(여격, 시발격, 대격, 비교격)

형동사에 비기본격(여격, 시발격, 대격, 비교격) 접미사, 인칭소유 접미사, 후치사가 붙기도 한다.

Үҥсүү ***кииирбититэр*** милиция *кэлбит*.
소송이 *들어왔을 때* 경찰이 왔다.
Хоту учаастак дьоно ***кэлбэтэхтэриттэн*** уопсай мунньах *буолбатах*.
북쪽 참가자들이 *오지 않기 때문에* 총회는 열리지 않았다
Уйбаан ***сылдьыбытын*** кини *кэпсээбэтэх*.
이반이 *왔다는 것을* 그가 말하지 않았다
Биир сыл ***үлэлээбитин*** кэннэ сынньалаҥ *биэрбиттэрэ*
1년 *일하고 난 뒤* 그에게 휴가를 (그들이) 주었다

## 4. "–быт(–батах) + 도구격" 구문

이 구문은 부사적 기능을 수행한다.

Биир сарсыарда почтальон кинини ***көрбүтүнэн*** киирдэ.
어느 날 아침 우체부가 그를 *보면서* 들어왔다

* 어간을 중복 사용하여 부사적 기능을 강화한다.

Киһибит *күл**бүтэ**-күл**бүтү**нэн* бу киирэн кэллэ.
우리편 사람이 *웃으면서* 갑사기 들어왔다

* -бит 형동사를 반복하여 술어로 사용한다.

Бүөтүр *бар**быта**-бар**быты**нан*, туох да сурах иһиллибэт.
표트르가 *떠나가고 나서* 아무런 소식이 들리지 않았다

* "-быт + 여격 접미사 + дылы" 구문이 복합술어의 역할을 수행한다.

Виктор, бэл диэбэтэр, бэйэтэ кимин-тугун *умну**букка дылы***.
빅토르는 사실상 자신이 누구인지 무엇인지 *잊은 것 같다*.
*бэл 조차, диэбэтэр 사실상, 말하자면, умун- 잊다
Бу сураҕы кини *исти**бэтэххэ дылы***.
이 소식을 그는 *듣지 못한 것 같다*.

### 5. 명사화 또는 형용사화

형동사가 명사화 또는 형용사화되어 주어, 수식어, 목적어의 기능을 수행한다.

*Бүппүттэр* барыаххытын сөп, *бүппэтэхтэр* хаалаҕыт.

*끝낸 사람들은* 갈 수 있고, *끝내지 못한 사람들은* 남아 있는다.

Үөрэҕин *бүтэрбит* оҕо 공부를 *끝낸* 아이

Кыыспын кытта *көрсүбэтэхпиттэн* олус хомойобун.

(나는) 내 딸과 *만나지 못해* 매우 괴롭다.(만나지 못한 것을 매우 괴로워한다)

### 6. "−быт(−батах−) + −лыы(−тыы, −дыы, −ныы)" 구문

이 구문은 행위 부사의 역할을 한다.

Ээмээхсин **истибит эрээри** *истибэтэхтии* тутунна

노파는 *들었다* 하더라도 *못들은* 척 했다.

### 7. "−быт(−батах−) + −ча" 구문

이 구문은 이유의 부사 역할을 수행한다.

абарбычча-сатарбычча 격분하여

үөрэммиччэ 습관으로

## −ыах(−иэх, −уох, −үөх) 형동사

### 1. 직설법 미래시제

-ыах 형동사는 소속의 접미사와 결합하여 **직설법 미래시제**를 만든다.

"갈 것이다"

| | | | |
|---|---|---|---|
| 단수 | 1. барыаҕ-ым | 복수 | барыах-пыт |
| | 2. барыаҕ-ыҥ | | барыах-хыт |
| | 3. барыаҕ-а | | барыах-тара |

**[부정]**

| | | | |
|---|---|---|---|
| 단수 | 1. барыам суоҕа | 복수 | барыахпыт суоҕа |
| | 2. барыаҕын суоҕа | | барыаххыт суоҕа |
| | 3. барыа суоҕа | | барыахтара суоҕа |

## 2. 조건법 성분

이 형동사는 조건법의 구성 성분이 된다.

| | | | |
|---|---|---|---|
| 단수 | 1. барыах этим(эбиппин) | 복수 | барыах этибит(эбиппит) |
| | 2. барыах этин(эбиккин) | | барыах этигит(эбиккит) |
| | 3. барыах этэ(эбит) | | барыах этилэр(эбиттэр) |

**[부정]**

| | | | |
|---|---|---|---|
| 단수 | 1. барыах суох этим(эбиппин) | 복수 | барыах суох этибит(эбиппит) |
| | 2. барыах суох этин(эбиккин) | | барыах суох этигит(эбиккит) |
| | 3. барыах суох этэ(эбит) | | барыах суох этилэр(эбиттэр) |

## 3. 부정의 확신

-ыах(-ыа) 형동사에 술어 접사를 가진 부정 소사 **суох**가 결합하면, "~ 하지 않을 것이 확실하다"라는 의미의 구문이 된다.

"가지 않을게 분명하다"

| | | | |
|---|---|---|---|
| 단수 | 1. барыа суохпун | 복수 | барыа суохпут |
| | 2. барыа суоххун | | барыа суоххут |
| | 3. барыа суох | | барыа суохтар |

## 4. 소망의 표현

-ыах 형동사는 소사 **баар**와 결합하여 무인칭 구문으로 소망의 의미를 표현한다.

Оҕобутун куоракка ыытыах баар.
우리 애를 도시에 보낼 걸 그랬다.

Бүгүн киинэҕэ барыах баар.
오늘 영화관에 갈 걸 그랬다.

동일한 구문에서 이 형동사는 여격 구문을 취할 수도 있으며, 소사 баар가 불완전동사 **этэ**와 함께 올 수도 있다.

Оҕобутун куоракка ыытыах**ха** баар.
Оҕобутун куоракка ыытыах(ыытыахха) баар этэ.
우리 아이를 도시에 보낼 걸 그랬다.
*ыыт- 보내다, 파견하다, баар [소사] 불가피성의 의미(этэ와 결합)

## 5. 주어의 역할 수행

-ыах 형동사 기본격에 소유 접사가 연결되면 주어의 역할을 할 수 있다.

Утуй<u>уох</u> бүгүн суох. 오늘 *잘 수 있는 사람*은 없다.
Олор<u>уох</u> бүгүн суох. 오늘 *앉아 있을 수 있는 사람*은 없다.

## 6. 수식어 역할

Үөрэн<u>иэх</u> оҕо *공부할 수 있는* 아이

## 7. 부사의 기능

-ыах 형동사는 부사의 기능을 수행한다.

❶ -ыах + -тыы(-дыы, -лыы, -ныы)

охс*уохтуу* 마치 때릴 것처럼 *оҕус- 때리다
көмөлөһ*үөхтүү* 마치 도와줄 것처럼 *көмөлөс- 도와주다

❷ -ыах + -тык

тахс**ыахтык** 마치 나갈 것처럼 *таҕыс- 나가다

## 형동사 –тах(–дах, –нах, –лах ; –тэх, –тох, –төх)

-тах 형동사는 야쿠트어에서 추측태와 조건태 어간에 붙는다.

### 1. "갔다는 것을 의미한다" (즉, 갔다)

| | | | |
|---|---|---|---|
| 단수 | 1. бар-даҕ-ым | 복수 | бар-дах-пыт |
| | 2. бар-даҕ-ынг | | бар-дах-хыт |
| | 3. бар-даҕ-а | | бар-дах-тара |

위 형태에서는 형동사에 소속의 접미사가 결합된다.

### 2. "만일 간다면"

두 번째 형태는 다음과 같은 형태로 구성된다.

| | | | |
|---|---|---|---|
| 단수 | 1. бар-дах-пын-а | 복수 | бар-дах-пыт-ына |
| | 2. бар-дах-хын-а | | бар-дах-хыт-ына |
| | 3. бар-даҕ-ын-а | | бар-дах-тарына |

**[부정]**

| | | | |
|---|---|---|---|
| 단수 | 1. бар-батах-пын-а | 복수 | бар-батах-пыт-ына |
| | 2. бар-батах-хын-а | | бар-батах-хыт-ына |
| | 3. бар-батаҕ-ын-а | | бар-батах-тарына |

### 3. 목적어 역할

이 형동사는 인칭-소유형 대격 접미사를 갖는다.

Мин ***оңордохпун*** көр. 내가 *만든 것을* 보아라.

Бу киhи ***саңардаҕын*** иhит. 이 사람이 *말한 것을* 들어라.

## 4. 잔존한 생격형

Кинилэр техникуму ***бүтэрдэхтэрин*** сыл холбоспуттара.
그들은 기술학교를 *끝마친* 해에 부부가 되었다.

## 5. 잔존형

이 형동사가 수식어로서는 더 이상 쓰이지 않는다. 어간 диэ-에만 예외적으로 형동사 어미가 붙은 경우가 있다.

диэ-тэх
"바로 그런 사람"
(단수) диэтэх киhи (복수) диэтэх дьон

* -тах 형동사는 주어로서, 종속문의 술어로서, 그리고 주문의 주어로서 동시에 나타나는 종속복문에서만 쓰인다.

Үлэлээн бүт**тэх**пит ити.
우리 일이 *끝났다는 것이* 그렇다.
Алта уон сэттис хаарым **уулуннаҕа** бу дии.
67번째 눈이 *녹은 것이* 바로 이것이다.
*уул- 녹다, хаар уулла 눈이 녹았다
бу [지시대] 이것, дии [강조소사] 바로

* 동사 буол-의 기본격에 형동사 접미사 тах-와 소속 접미사를 결합시켜 독립된 어휘를 만든다. 이것은 확인, 강조 의미의 양상어로 쓰이며, 모든 품사에 결합된다.

Киhи *буоллаҕа* дии. 그가 바로 인간이잖아
Мин да барыам *буоллаҕа*. 나도 간다니까.

## –ардаах 형동사

-ардаах 형동사는 본래의 -ар 형동사에 소유접사 -лаах를 결합하여 만들어진다.

"가야 한다"

| | | | |
|---|---|---|---|
| 단수 | 1. барар-даах-пын | 복수 | барар-даах-пыт |
| | 2. барар-даах-даах-хын | | барар-даах-хыт |
| | 3. барар-даах-даах | | барар-даах-тар |

[부정]

| | | | |
|---|---|---|---|
| 단수 | 1. барар-ым суох | 복수 | барар-быт суох |
| | 2. барар-ын суох | | барар-гыт суох |
| | 3. барар-а суох | | барал-лара суох |

## –быттаах 형동사

-быт 형동사에 소유 접사 -лаах가 결합하여 만들어진다.

"가 본 적이 있다".

| | | | |
|---|---|---|---|
| 단수 | 1. барбыт-таах-пын | 복수 | барбыт-таах-пыт |
| | 2. барбыт-таах-хын | | барбыт-таах-хыт |
| | 3. барбыт-таах-ф | | барбыт-таах-тар |

[부정] "가 본 적이 없다"

| | | | |
|---|---|---|---|
| 단수 | 1. барбатах-таах-пын | 복수 | барбатах-таах-пыт |
| | 2. барбатах-таах-хын | | барбатах-таах-хыт |
| | 3. барбатах-таах-ф | | барбатах-таах-тар |

## –ыахтаах 형동사

당연법 미래 시제에 소유접사 -лаах가 붙은 형식이다.

"가야만 한다"

| | | | |
|---|---|---|---|
| 단수 | 1. барыах-таах-пын | 복수 | барыах-таах-пыт |
| | 2. барыах-таах-хын | | барыах-таах-хыт |
| | 3. барыах-таах-ф | | барыах-таах-тар |

**[부정]** "가지 말아야 한다"

| | | | |
|---|---|---|---|
| 단수 | 1. бары**мы**ах-таах-пын | 복수 | бары**мы**ах-таах-пыт |
| | 2. бары**мы**ах-таах-хын | | бары**мы**ах-таах-хыт |
| | 3. бары**мы**ах-таах-ф | | бары**мы**ах-таах-тар |

## –ааччы(–ээччи, –ооччу, –өөччү) 형동사

이 형동사는 "보통 이루어지는 행위법"을 의미한다.

"보통 간다"

| | | | |
|---|---|---|---|
| 단수 | 1. барааччы-бын | 복수 | барааччы-быт |
| | 2. барааччы-гын | | барааччы-гыт |
| | 3. барааччы-ф | | барааччы-лар |

**[부정]** "보통 안 간다"

| | | | |
|---|---|---|---|
| 단수 | 1. барааччым суох | 복수 | бар-ааччыбыт-суох |
| | 2. бар-ааччыҥ суох | | бар-ааччы-гыт суох |
| | 3. бар-ааччыта суох | | бар-ааччы-лара суох |

＊ 과거를 나타내기 위해서는 연계사 **этэ**를 결합한다.

"보통 갔었다"

| | | | |
|---|---|---|---|
| 단수 | 1. бар-ааччы этим | 복수 | бар-ааччы этибит |
| | 2. бар-ааччы этиҥ | | бар-ааччы этигит |
| | 3. бар-ааччы этэ | | бар-ааччы этилэр |

"보통 안 갔었다"

| | | | |
|---|---|---|---|
| 단수 | 1. бар-ааччым суох этэ | 복수 | бар-ааччыбыт суох этэ |
| | 2. бар-аачыҥ суох этэ | | бар-ааччы-тыт суох этэ |

3. бар-аачыта суох этэ　　　　бар-аачча-лара суох этэ

## –а илик

-а/-ыы 부동사에 소사 илик을 결합하여 "아직 이루어지지 않은 행위"를 가리킨다. илик은 소사로서 "아직 ~하지 않은"의 의미로 -а/-ыы 부동사와 결합한다.

**현재** "아직 안 갔다"

| | | | |
|---|---|---|---|
| 단수 | 1. бара илик-пин | 복수 | бара илик-пит |
| | 2. бара илик-кин | | бара илик-кит |
| | 3. бара илик | | бара илик-тэр |

**과거** "아직 안 갔었다"

| | | | |
|---|---|---|---|
| 단수 | 1. бара илик этим | 복수 | бара илик этибит |
| | 2. бара илик этиҥ | | бара илик этигит |
| | 3. бара илик этэ | | бара илик этилэр |

*Үөрэнэ илик* оҕо *공부를 아직 시작하지 않은* 아이(수식어)

Мин *үөрэтэ илигим* билигин да элбэх.

내가 *배우지 않은 것*이 지금도 많다.(종속문의 주어인 동시에 주절의 주어)

*үөрэн- 공부하다, үөрэт- 배우다, 암송하다 билигин 지금, элбэх 많다

*Көрө иликтэр* бары көрдүлэр.

*전에 보이지 않던* 사람들이 모두 보였다.(주어)

# 10 부동사

# 10. 부동사

## 개념

야쿠트어에서 부동사는 동사 형태를 가지며 그 행위의 부차적 특성과 다른 행위와의 상관성을 보여준다.

야쿠트어의 부동사는 다른 투르크어계의 부동사와 달리 변화 형태를 가진다. 이것은 술어 접미사를 취하며, 인칭 형태를 가진다.

-аат 부동사는 인칭 형태에서 후치사 **кытта(кытары)**와 결합한 인칭-소유 변화 대격형을 취한다.

부동사는 동사로서 태, 격 지배, 긍정형, 부정의 모든 문법 범주를 가진다. 일부 부동사, 특히 -ан과 -а/-ыы 부동사는 분석적 형태의 동사 상을 가진다. 통사적 측면에서 야쿠트어 부동사는 다양한 기능을 수행한다. **단문 서술어, 단문의 제2술어** 및 **종속절 술어, 복합 술어**의 한 성분이 될 수 있으며, **부사어**와 **수식어** 기능을 수행할 수도 있다.

야쿠트어의 부동사 형태는 다음과 같이 분류된다.

| | 긍정 | 부정 |
|---|---|---|
| 이전행위 previous action | -ан | -ымына, -бакка |
| 동시행위 simultaneous action | -а/-ыы | -бакка |
| 다음 행위 ensuing action | -аары | -ымаары |
| 즉시 행위 action on the spot | -аат | (-ымаат) |
| 시작 행위 launching action | -бытына | |
| 결과적 행위 resultative action | -бычча | |

## –ан(–эн, –он, –өн) 부동사

이 형태의 부동사는 앞선 행위를 나타내며, 한국어로 "~ 하고서"의 의미에 해당된다.

бар- 가다; бар-ан
бараа- (돈을) 쓰다; бараа-н
кэл- 오다; кэл-эн
үлэлээ- 일하다; үлэлээ-н
аhаа- 먹다, 마시다; аhаан
суруй- 쓰다; суруй-ан
аах- 읽다; ааҕ-ан

Мин *аhаан* бардым.
나는 먹기를 시작하였다 / 먹고 떠났다 / 먹고 있었다.
Мин *кэлэн аhаан* бардым. 나는 와서 먹고 떠났다.
Мин үлэбэр *барбакка* олоробун.
나는 직장에 가지 않고 있었디(않있다). *үлэ-бэр 1인칭 단수 여격
Ардаах *түhэн,* чалбах таҕыста
비가 내려서, 웅덩이가 생겼다.
Халлаан *былытыран,* күн көстүбэт.
하늘이 구름으로 덮여서 해가 보이지 않는다.
Коля хомойон *ытыы* олордо.
콜랴는 모욕으로 울고 있었다.
Кини *куттанан* таhырдьа ыстанна.
그는 겁먹고서 거리로 내달렸다.
Хаар *түhэн,* сир үрдэ маҥхай-быт.
눈이 내려서 땅 위가 하얗게 되었다.
Кини куоракка барар *буолан,* эрдэ турда.
그는 도시에서 걸어 다녀서 일찍 일어났다.
Кеша кинигэ *ааҕан* бүттэ.
케샤는 책을 읽기를 끝내었다,

## –а/–ыы 부동사

동시에 발생하는 행위를 나타내며, 한국어에서 "~ 하면서"에 해당된다.

Кеша кинигэ *ааҕа* олорор.
케샤는 책을 읽고 있다.
Кеша кинигэ *ааҕа-ааҕа*, *аһыы* олордо.
케샤는 책을 읽으면서 먹고 있었다.
Оля *ытыы-ытыы* суругу уокка быраxта.
올랴는 울면서 편지를 불에 던졌다.
Кини *билэ-билэ* кимиэхэ да эппэтэ.
그는 알면서도 아무에게도 말하지 않았다.
Кеша кинигэ *ааҕа* олорор.
케샤는 책을 읽고 있다.
Учуутал *кэлбэккэ* уруок буолбата.
선생님이 오시지 않아 수업이 없었다.
Кини кинигэ *ааҕа-ааҕа*, аһыы олордо.
그는 책을 읽고 또 읽으면서 먹고 있다.
Уруок *бара* турар. 수업이 계속된다.
Кини хойуутук *кэлэ* турар. 그는 항상 오곤 한다.

*Үлэлии* сылдьар. 계속 일한다.
*Аһыы* олорор. 먹고 있다.
*Суруйа* олорор. 쓰고 있다.
*Ааҕа* турар/ олорор. 읽고 있다.

## –аары 부동사

다음에 따라올 것으로 예상되는 행위를 나타내며, "~하려고"라는 의미를 갖는다.

Кини эт *атыылаһаары* маҕаһыынӈа барда.
그는 고기를 사려고 가게에 갔다.
Кеша кинигэ *ааҕаары* библиотекаҕа барда.
케샤는 책을 읽으려고 도서관에 갔다.

*Кэлээри* көрөн кэллибит.
오려고 보고서 우리는 왔다.
Сарсын Москваҕа *барааары* олоробун.
내일 모스크바로 나는 갈 것이다.

마지막 예문의 *барааары* олоробун에서 олоробун은 '살고 있다'라는 의미의 본동사가 아니라 '미래시제'를 나타내는 조동사이다. 이 경우 부동사 *барааары*는 '가다'라는 의미의 본동사이다. 이때 본동사 бар-'가다'가 –аары형 부동사를 취하게 되는 것은 앞으로 일어날 행위를 나타내는 것이기 때문으로 보인다. 이러한 것은 기존의 야쿠트어 문법이 설명을 하지 못하고 있는 문제 중 하나라고 지적할 수 있다.

## –аат 부동사

이 부동사 형은 즉시 일어날 행위를 가리킨다. 그 의미는 "~ 한 즉시" 또는 "하자마자"이다.

Кини *кэлээт* тута *оонньуу* барда.
그는 오자마자 바로 놀러 갔다.
Учуутал *киирээт* барыбытын мөхтө.
선생님은 들어오시자마자 모두를 꾸짖었다.
Кеша кыыһы *көрөөт* тута сөбүлээтэ.
케샤는 여자를 보자마자 즉시 좋아했다.
Уол оскуолаттан *кэлээт* оонньуу барда.
소년은 학교에서 오자마자 장난을 쳤다.

## –бытынан 부동사

"~하기를" 또는 "하자마자"라는 의미의 이 부동사 형은 역사적으로 부동사 -быт(-пыт, -мыт)의 도구격이었다. 야쿠트어 분법에서 이 형태가 부동사로 분류되었지만 실제 기능은 '착수되는 행위'를 나타낼 때 쓰인다.

Кыргыттар эргиллэн *көрөөт*, эмиэ *сибигинэс**питинэн*** бардылар.
소녀들은 돌아서서 보자마자 다시 소근대기 시작하였다.
Ньургун, *көнньүөрэн, оонньоо**бутунан*** барда.
뉴르군은 기분이 좋아지자마자 장난치기 시작하였다.
Ньургун, чаачар саатын *туп**путунан***, аҕатын аттыгар кэллэ.
뉴르군은 활 무기를 잡자마자 아버지 곁으로 왔다.
Биир сарсыарда почтальон кинини *көр**бүтүнэн*** киирдэ.
어느 날 아침 우체부가 그를 보면서 들어왔다.

이 부동사는 수식어의 기능도 수행한다.

Ол бу диэки *төрөө**бүтүнэн*** оҕо курдук алаар-малаар *көрө* турда.
새로 *태어난* 아이처럼 그는 여기저기 쳐다보고 있었다.
*курдук [후치사] 처럼, алаар-малаар 여기 저기

위 예문에서 보듯 *төрөө**бүтүнэн***은 '시작된 행위'라는 상황적 의미가 담겨 있다.

## –бычча 부동사

### 1. 의미

역사적으로 -быт 부동사에 사라져 가던 격 어미 -ча가 붙은 형태이다. 즉, -бычча, -бичча, -бучча, -бүччa. 이 부동사는 발화 순간의 조건이나 행위의 이유를 나타낼 때 활용된다.

Ити-ни *куттам**мычча*** эттим.
이것이 두려워 (내가) 말하였다.
*Көрсүс**пүччэ** көрүлээн* ылбыттар.
만나서 그들은 아주 즐거워하였다.
Дьахтар *кыыһыр**бычча*** мэнээк саҥарда.
여자들은 화가 나서 많이 말하였다.

## 2. 부사적 기능

이 부동사는 이유의 부사로 쓰인다. 드물게 종속문에서 술어적 기능을 한다.

Ол эрээри *куттам**мычча***, *утарылас**пычча***, санаата *ырааhыран* ылбыта.

두려워하고 반대했지만, 그의 생각은 분명해졌다.

*куттан- 두려워하다, утарылас- 저항하다, 반대하다, ырааhыр- 깨끗해지다, 분명해지다

이 부동사가 부사의 기능도 수행한다.

Киhи *ыл**бычча*** өйдөөбөт.

사람이 *누구나 다* 이해하는 건 아니다.

Ити барыта *түбэс**пиччэ*** буолбатах.

이 모든 게 우연히 *일어난 건* 아니었다

*түбэс- 일어나다, 발생하다

*Оонньо**бучча*** саҥарбыт оҕус *буолан* барар.

*농담으로* 말해진 것이 심각하게 되돌아온다.(무인칭문)

Туораттан итинник, киhи олоҕо с*анаа**бычча*** чэпчэкитик быhаарыллар курдук.

옆에서 보면, 인생은 *생각한 대로* 쉽게 해결되는 것처럼 보인다.

*быhаар- 해결하다, чэпчэкитик 쉽게, курдук ~처럼, 비슷하게

## 3. 수식어 기능

이 부동사는 수식어의 기능도 수행한다.

***Ылбычча*** киhи кыайбат дьыалата.

(이것은) *누구나 다* 할 수 있는 일이 아니다

*кыай- 할 수 있다, кыайбат 할 수 없다, дьыала 일
ыл- 가져가다, 받다, ылбычча 모두가 아닌

# 11 수사

# 11. 수사

## 기수사

1 단위:

| | | |
|---|---|---|
| 1 - биир | 2 - икки | 3 - үс |
| 4 - түөрт | 5 - биэс | 6 - алта |
| 7 - сэттэ | 8 - аҕыс | 9 - тоҕус |

10단위:

| | |
|---|---|
| 10 - уон | 20 - сүүрбэ |
| 30 - отут | 40 - түөрт уон |
| 50 - биэс уон | 60 - алта уон |
| 70 - сэттэ уон | 80 - аҕыс уон |
| 90 - тоҕус уон | |

100단위:

100 - сүүс
200 - икки сүүс
300 - үс сүүс

1000단위:

1000 - тыһынча

11 - уон биир
22 - сүүрбэ икки

111 - сүүс уон биир
1998 - тыһынча тоҕус сүүс тоҕус уон аҕыс

биэс сыллаах былаан 5개년 계획

## 서수사

### 1. 기수사에 접미사가 붙는다.

기수사에 접미사 **-с, -ыс(-ис, -ус, -үс)**를 붙여 파생된다.

иккис 두 번째
бэһис 다섯 번째
ахсыс 여덟 번째
алтыс 여섯 번째
төрдүс 네 번째
онус 열 번째

### 2. 접미사 앞에서 어간의 마지막 모음은 음성 변화를 일으킨다.

❶ 어간의 끝 모음이 탈락한다.

алта + -ыс ⇒ алтыс 여섯 번째
сэттэ + -ис ⇒ сэттис 일곱 번째

❷ 어간의 이중모음은 열린 모음이 되고, 닫힌 모음은 탈락된다.

биэс + -ис ⇒ бэһис 다섯 번째
түөрт + -үс ⇒ төрдүс 네 번째
уон + -ус ⇒ онус 열 번째

аҕыс + -ыс ⇒ ахсыс 여덟 번째
тоҕус + -ус ⇒ тохсус 아홉 번째

# 12 접속사

# 12. 접속사

## 특성

접속사 중 병렬 접속사는 의미상 소사와 약간의 연관이 있다. 이런 관계로 소사와 접속사의 의미를 공유하고 있는 것들이 있다. 예: да, даҕаны, эрэ, дуу

반면에 대립 접속사 буолбакка '…가 아니라', буолбатах '…가 아니라'는 양상-부정 소사의 의미를 지니고 있다.

## 접속사의 분류

### 1. 단순 접속사

#### ❶ 고유 접속사

접속사가 다른 품사의 기능을 갖는 것들이 있다. 그러나 아래 예들은 접속사로만 쓰인다.

да 그리고, 역시, 그러나, 할지라도
даҕаны 그리고, 역시
оттон 그런데. 그러나
эбэтэр 또는
биитэр 든지, 또는
уонна 그리고
итиэннэ 그런 다음
эрээри 할지라도
өскө(өскөтө, өскөтүн, өскүөрү, өскүөрүтүн) 만일

### ❷ 명사 파생 접속사

명사, 수사, 대명사들이 접속사 기능을 한다.

| | |
|---|---|
| икки | 그리고, 와 (둘, 쌍) |
| онон | 그래서 *ол- 그, 저 |
| онтон | 그 다음 |
| онуоха | 그때, 당시 |
| оччоҕо | 그러면 *оччо 그 만큼 |

| | |
|---|---|
| ийэ икки аҕа икки | 아버지와 어머니 |
| икки атахтаах | 사람 *атах 발, атахтаах 두 발이 있는 |

### ❸ 동사 파생 접속사

동사의 형태를 가진 것으로 동사와 접속사의 기능을 함께 가지고 있다.

| | |
|---|---|
| буоллаҕына | 그런데, 그리고 *буол- 이다 |
| буолан | 그리고 |
| диэн | 하도록 *диэ- 말하다 |
| буолбакка | ~ 아니다, 그러나... |
| буолбатах | ~ 아니다, 그런데..... |
| буоллар | 그런데 |

### ❹ 부사적 접속사

부사와 접속사의 기능을 수행한다.

| | |
|---|---|
| өссө | 아직 |
| аны | 이제 |
| сороҕор | 가끔 |
| ардыгар | 때로 |
| эмиэ | 역시, 또 |
| арыт | 때로는 ... 때로는 |

부사로서: бүгүн *эмиэ* хаар түһэр 오늘 역시 눈이 내리고 있다

접속사로서: илиитэ *эмиэ* да ыалдьар, *эмиэ* да ыалдьыбат

그의 손이 아프기도 하고 아프지 않기도 한다

эмиэ да булчут, *эмиэ* да балыксыт

그는 사냥꾼이며 또한 어부이다.

## 2. 단순 접속사로 이용되는 소사와 양상어

### ❶ 소사: дуу, эбит, эрэ, баара

дуу: 의심, 추측, 모욕 등 다양한 뉘앙스를 표현한다.

итu кини дуу? 이 사람이 그이지, 맞지?

эбит: 신빙성 등의 표현 "~ 인 것 같다"를 의미한다.

туох эбит 무엇이든
ким эбит 누구든
хайа эбит 어떤 것이든
ханнык эбит 어떤 것이든
хайдах эбит 어떻게든지
хаһан эбит 언제든지
ханна эбит 어디서든지
хантан эбит 어디서부터든지

Манна аҕыйах хонукка олорбут эбит
여기서 (그가) 몇일 살았던 것 같다
*аҕыйах 적은, 불충분한, хонук 주야

эрэ: 명령, 요청의 정도를 누그러뜨리는 표현으로 러시아어로는 пожалуйста, -ка, 한국어로는 '좀'에 해당된다.

эт эрэ 말 좀 해봐
кэпсээ эрэ 말해 보세요

баара: 1) 강조: сатана баара 제기랄(러시아어: чёрт побери)
2) "해야 했는데"(러시아어: надо бы)
төннөн кэпсэтиэх баара 돌아가서 말해야 했는데
*төнүнөн- 돌아가다, кэпсэтис- [동반상호태] 대화에 끼다

### ❷ 양상어: хата, арай, баҕар, баҕардар, холобур 등

хата: 1) 반대로(말해진 것이나 기대와 달리)
хата, бэйэбитин мөҥүөҕэ 반대로 그는 우리를 험담한다

2) 선호의 표현

хата, чэйгин кут 오히려 차를 따라라

3) 기쁨의 표현

бу кэллэ, хата! 바로 그가 왔다, 얼마나 좋으냐!

арай: 1) 뿐, 만

арай остуоруйаҕа маннык 단지 이야기에서만 그렇다

2) 가정, 위험, 바램, 제한의 뉘앙스를 가진 동사의 조건적 강조

арай кэлбэтин? 그런데 그가 만일 오지 않는다면?

баҕар: 아마도

баҕар бу киэһэ кэлиэҕэ 아마도 저녁에 그가 올 것이다.

баҕардар: 아마도, ~할 지라도

баҕардар сылайыым 피곤할 지라도 좋다 *сылай- 피곤해지다

холобур: 예를 들어

холобур, учуутал үлэтэ 예를 들어, 선생님의 일

### 3. 복합 접속사

буолан баран 그러나, 할지라도

гынан баран 그러나

ити да гыннар 그러나, 하지만, 그래도

## 병렬 접속사

대등한 관계의 어휘들을 연결시켜 주는 기능을 한다.

### 1. 연결 접속사

уонна, итиэннэ, да, даҕаны, икки, буолан

문장 내에서 같은 기능의 어휘들을 연결시켜준다.

Моҕой тыына *икки* баай сүрэ *икки* син биир.
뱀의 영혼과 부자의 정신은 온전히 하나다.
*син 충분히, [양상] 구분없이, тыын 영혼, сүр 영혼

Ньукулай Дьөгүөрэбис *итиэннэ* Ньуукка Уйбаныап кэпсэтэ олороллор.
니콜라이 예고로비치와 뉴까 이바노프는 얘기를 계속하고 있다.(얘기하면서 앉아 있다)

Даарыйа эмээхсин, Микиитэ, Өлөксөй *буоланнар* күнүс балаҕанҥа үһүөйҕин хаалаллар.
다리아 할머니, 미키타와 알렉세이는 낮에 유르타에 셋이서만 있었다.
*үһүөйэх 단 셋, 셋만, үһүө 세 명, хаал- 있다, 남다

## 2. 연결-시간 접속사

시간 상 차이를 가지고 일어나는 행위를 연결시켜 주며, 이 경우 복문을 형성한다.

❶ 행위의 순간적 연속:
да, даҕаны '그래서' 등

Уол ылла *да* быраахта.
사내애가 집어서 던졌다.

❷ 행위의 순차적 연속:
онтон '그 다음', итиэннэ '그 다음, 그러고 나서' 등.

Оҕонньор саҥата суох олорбохтоото, *онтон* аргыый аҕай кэпсээн барда.
노인은 말하지 않고 잠시 앉아 있었다. 그 다음 조용히 말하기 시작하였다.

## 3. 부가 접속사

уонна, итиэннэ, да, даҕаны, оттон, буоллаҕына, өссө '아직, 더' 등 의미를

발전시키거나 보완하거나 결론지으려는 발화에서 이 접속사가 쓰인다.

Саамай сөпкө гыммыккын. Бэйэтэ *буоллаҕына* күннээҕинэн олорор.
너는 아주 올바르게 했다. 그런데 그 자신은 오늘만 있듯 살고 있다.

## 4. 대립 접속사

대립 접속사에는 буоллаҕына, оттон, да, эбэтэр, буолбакка, буолбатах, буоллар, ол гынан баран, ити гынан баран, ол да буоллар, бу да буоллар, ол эрээри 등이 있다.

Эбэм миигин таптыыр, эн *буоллаҕына* таптаабаккын.
할머니는 나를 사랑하신다. 그러나 너는 사랑하지 않는다.
Уол ыллыыр, *оттон* кыыс истэр 사내애는 노래하고, 여자애는 듣고 있다
күннэтэ тыал *да* хаар 매일 바람과 눈
киир *эбэтэр* таҕыс 들어오든지 나가든지 해라
*эбэтэр* үлэлээ, *эбэтэр* сынньан 일하든지 쉬든지 해라
эһиэхэ *буолбакка*, биһиэхэ баар 당신네가 아니라 우리 집에 있다
ыарыытыттан *буолбатах*, кыһыытыттан ытаата
고통 때문이 아니라 모욕 때문에 그가 울었다

※ 대립 접속사가 연결의 의미로 쓰이는 경우도 있다.

Бу тыа буолбатах -- араай, *оттон* эн ыраас ааньалгын.
이곳은 숲이 아니다. 천국이다. 그래서 너는 깨끗한 천사이다.

## 5. 양보적 대립 접속사

양보의 의미를 갖는 대립 접속사에는 эрээри, да, даҕаны, ол эрээри, буоллан баран, гынан баран, ол да эрээри 등이 있다.

Оҕонньор аргыый *эрээри*, киһиэхэ барытыгар иһиллэрдик саҥаран барда.
노인은 조용하지만, 그러나 모든 사람들의 말을 듣고서 말하기 시작하였다.

## 6. 분별 접속사

분별 접속사에는 эбэтэр, биитэр, дуу... дуу 등이 있다.

Мин бүгүн барыам *эбэтэр* өрүү барыам суоҕа.
나는 오늘 갈 것이다 또는 전혀 가지 않을 것이다. *өрүү 항상

## 7. 열거 접속사

열거 의미의 접속사에는 да, даҕаны, эмиэ, эмиэ да 등이 있다.

Саа *да* баар, көлө *да* баар, булт *да* баар, доҕор *да* баар буола түстэ.
무기도 있고, 마차도 있고, 전리품도 있고, 친구도 있는 것이 드러났다.
*түс- 떨어지다, 나타나다, баар 존재하다, буол- [연계사] 이다
Мин итинник эппэппин *даҕаны*, санаабаппын *даҕаны*.
나는 그렇게 말하지도 않고, 생각하지도 않는다.

## 8. 분별-열거 접속사

분별과 열거의 의미를 동시에 갖는 접속사로는 эбэтэр, биитэр, дуу... дуу, эмиэ, сороҕор, ардыгар, арыт 등이 있다.

Оҕонньор күн аайы *эбэтэр* илимнэрин көрөр, *эбэтэр* мунхалаhа киирэр, *эбэтэр* кустуу барар.
노인은 매일 그물을 조사하거나, 그물을 치러 가거나, 오리 사냥을 간다.
Арыт хаар, *арыт* самыыр, *арыт* толоон түhэр.
눈이나 비나 우박이 떨어진다.
Эмиэ *да* сөпкө, *эмиэ да* сүөлгэ дылы.
맞든지, 틀리든지.
*сөп- 올바른, 맞다, сүөл- 무례한, 틀리다,
дылы [후치사]처럼, [접] ~할 때까지, [양상소사] 같다

### 9. 설명 접속사

설명 접속사로는 эбэтэр, биитэр, ол аата 등이 있다.

Павел, биитэр студеннар ааттыылларынан Пал Палыч, киhи үтүөтэ, уҥуоҕунан эрэ намыhах.
파벨은 학생들이 팔 팔리치라고 부르듯이 뛰어난 학생인데 다만 키가 작다.
*эрэ 단지, намыhах 작은

## 종속 접속사

종속 접속사에는 두 종류의 접속사들이 있다.

1) 단순 접속사 :
да, даҕаны, өскө(형태적 복제 өскөтө, өскөтүн, өскүөрү, өскүөрүтүн), буоллар, буоллаҕына, эрэ, эрээри, эбит, ыккардына, даарым, буолан, диэн.

2) 복합 접속사 :
буоллан баран, гынан баран 등.

### 1. 조건 접속사

조건 접속사에는 да, даҕаны, өскө, өскөтүн, өскүөрү, өскүөрүтүн, буоллаҕына, эрэ, эрээри, эбит 등이 있다.

*Өскө* кырдьыга буоллар, санаабар тутуо суох этим.
사실이었다면, 화를 내지 않았을텐데.
Сир ийэ сүрэхтээх *буоллаҕына* -- сүрэҕэ Москва буолуоҕа.
대지 어머니가 심장을 가지고 있다면, 그 심장은 모스크바일 것이다.

## 2. 양보 접속사

양보 접속사에는 да, даҕаны, буолан, эрээри(эрэн), буоллан баран, гынан баран, иһин, иннигэр, үрдүнэн 등이 있다.

Соловьева бэрт наҕыллык ыйытта *гынан баран*, Даша соһуйан уһугунна.
솔로비요바가 아주 조용히 물었지만, 다샤는 무서워서 깨었다.
Таптыыбын диэбэтэр *даҕаны*, кыыһырбат эбит дии саныаҕым.
(그녀가) 사랑한다고 말하지 않았을 지라도, (나에게) 화가 난 거라고는 생각하지 않는다.
*эбит ~처럼 보이다, 판명되다, кыыһыр- 화가 나다, санаа- 생각하다, дии [강조] 정말로

## 3. 이유 접속사

이유 접속사에는 сибээстээн '~와 관련하여', быһыытынан '~ 때문에', иһин '~ 때문에'가 있다.

Лектор кэлбитинэн *сибээстээн*, киинэ буолбат үһү.
총장이 온 때문에, 영화는 상영되지 않을 거라고 말한다.

## 4. 목적 접속사

목적 접속사에는 диэн, иһин, иннигэр, инниттэн '위해서' 등이 있다.

Айылҕа силигэ ситтин *диэн*, араас дьикти сибэккилэр айыллыбыттар.
자연의 아름다움이 충만하도록, 여러 가지 놀라운 꽃들이 창조되었다.
... массыынанан үлэлиир *инниттэн*.
자동차로 일하기 위해서

## 5. 시간 접속사

시간 접속사에는 다음과 같은 단어들이 있다.

| | |
|---|---|
| эрэ 하자마자, | аайы 매번 |
| бэттэх ~때부터, | былаһыгар ~동안 |
| диэки ~할 무렵, | диэри ~전까지 |
| дылы ~때까지, | иннинэ ~ 전에, |
| кытары(кытта) 하자마자, | |
| кэнниттэн ~한 뒤에, | кэннэ ~하는 당시, |
| сағана ~하는 동안, | сэргэ ~와 동시에, |
| тухары ~전까지, | устата ~동안 |
| ыла ~때부터 | |

Кэтириис эмээхсин саҥардар *эрэ*, Микиитэ сүрэҕэ бобута туппахтыыр.
노파 케티리이스가 말하자마자, 니키타의 심장이 오그라든다.
*сүрэх 심장, боп- 근절하다, бобуу 장애, 금지, тут- 유지하다
Эмискэ дьиэ аана аһыллары̆н *кытта*,
갑자기 집 문이 열리자마자
*эмискэ 갑자기, ас- 열다; аһылын [수동] 열리다
Биһиги хоҥнуохпут аҕай *иннинэ*,
우리가 감동받기 전에,
*хоҥун- 감동받다, аҕай 충분히

## 6. 비교 접속사

비교 접속사에는 курдук '마치 ~ 처럼', дылы '~ 처럼', кэриэтэ '~보다 오히려' 등이 있다.

Кинилэр, биһиги санаабыппыт *курдук*, буолбатахтар.
그들은 우리가 생각했던 것과 *같지는* 않았다. *буол 이다, 되다, 나타나다
Баайдар таҥара саарыстыбатыгар киириэхтэрин *кэриэтэ*, слон кыыл иннэ үүтүгэр батыаҕа.
부자들이 하늘의 왕국에 들어가는 *것보다* 오히려 코끼리가 바늘구멍에 들어갈 것이다.
*кыыл 동물, иннэ 바늘, үүт 구멍, бат- 들어가다, киир- 들어가다

## 7. 접속사로 쓰이는 대명사

다음의 대명사들은 접속사로도 쓰일 수 있다.

онтон '그 다음', онуоха '그 당시'

ол иhин '그래서, 때문에'

онуоха дылы '~ 전에',

ону таhынан '~ 외에'

Ким үлэлиир, *ол* аhыыр.

일하는 사람이 먹는다. *ол 그것 Ким 누구(= кто), аhаа- 먹다; ас 음식

*Төhөнөн* дьиэтигэр чугаhыыр, Липа туhунан саныыр *дађаны, оччонон* ***ол*** киhи сырдаан кэрэтийэн көhүннэ.

집에 가까워 질수록, 리파에 관해 생각할수록, 이 사람은 얼굴이 밝아지고 좋아져 보인다.

*сырдаа- 밝아지다, кэрэтий- 예뻐지다, 예쁘다, көhүн- 보이다, ол 이, төhө 하는 만큼, 할수록, чугас 가까운, санан- 생각하다, оччо 그만큼, дађаны [소사] (강조) ~만큼

# 13 후치사

# 13. 후치사

## 정의

후치사는 불변화 보조사로서 명사와 동사, 명사와 명사 사이의 공간, 시간, 이유, 목적, 비교의 관계를 나타내어 주는데 쓰인다.

현대 야쿠트어에서 후치사는 독립적 보조 품사이다. 어휘의미, 형태, 통사적 자질에서 다른 품사들과 구분된다. 이것들은 한국어에서 조사로 분류되는 어휘들과 동일한 역할을 한다.

자주 쓰이는 후치사에는 다음과 같은 것들이 있다.

иhин 위하여, диэки 으로, диэри 까지, устун 따라,
саҕа 정도로(같은 크기로), саҕана ~한 때에, тухары 걸쳐,
кытта 과/와, тула 근처에, ыла 비롯하여, ураты 외에,
туhунан 관해, иннинэ 앞에, 등.

※ 후치사는 의미와 기능에서 격 접미사와 유사하다. 때로 이것들은 완전히 일치하는 경우도 있다.

ат ***иhин*** биэрдим = ак***ка*** биэрдим 말 값을 내가 갚았다.

## 형태적 자질에 따른 후치사 분류

### 1. 고유 후치사

다른 품사와 별개의 것으로 사전 구성에서 보조품사로 인정된다..

диэки 으로, диэри 까지, дылы 같은, иннинэ 전에, иhин 위하여, курдук 처럼, кыгары 와/과, кэриэтэ 마치, саҕа 정도로, саҕана 때에, устун 따라, хоту 따라, 등.

### 2. 부사적 후치사

부사로부터 형성되었지만 아직 부사에서 완전히 분리되지 않아 후치사와 부사로 모두 이용된다.

мэлдьи 동안, нөнүө 통해, сэргэ ~와 나란히, тула 근처에,
утары 맞은 편에, үөhэ 위에, 등.

### 3. 동사 파생 후치사

동사 형태로서 후치사와 부동사 기능을 함께 가지고 있다.

быhа 동안, кытта ~와/과, тахса 위로부터, тиийэ ~까지, 포함하여,
ыла ~부터, 비롯하여, 등.

### 4. 명사 파생 후치사

후치사와 명사의 기능을 겸하고 있거나 형태적으로 명사와 일치한다.

анныттан 밑으로부터, бүтэй통해, былаhыгар 동안,
быыhыгар 사이에, иннигэр 앞에, инниттэн 로부터, 때문에, 위해,
кэлин 후에, оннугар 대신, ортотугар 가운데, 때에,
туhугар 위해, туhунан 관해, үрдүнэн 위에, 불구하고, эргин 주위에

## 의미에 의한 후치사의 분류

### 1. 공간적 의미

#### ❶ 방향

аайы 마다; дьиэ аайы киир- 집마다 들르다

ахсын 마다; куорат ахсын ыыт- 도시 마다 보내다
диэки 으로; стройдиэки 건물 쪽으로
көрсө 반대로, 맞은 편으로; күнү көрсө бар- 태양을 마주보고 가다
утары 거슬러; сүүрүгү утары 시류에 거슬러 *сүүрүк 흐름, 사조
хоту 쪽으로; уот хоту 불 쪽으로

## ❷ 장소

аайы : оскуола аайы 모든 학교에서
ахсын : хонуу ахсын 모든 개간지에서
диэки : биһиги диэки 우리 편에
ттухары 걸쳐 : уулуса тухары 모든 거리에 걸쳐
иһигэр 내부에: армия иһигэр 군 내부에
ортотугар 가운데: нэһилэнньэ ортотугар 주민가운데
быыһыгар : буурҕа  быыһыгар 폭풍우 속에서
ахсыгар : учаастак ахсыгар 모든 구역에서
иһинэн : бригада иһинэн 팀 안에
үрдүнэн : оскуола үрдүнэн 학교 전체에

## ❸ 한계

дылы : оскуолаҕа дылы 학교까지
диэри : күөлгэ диэри 호수까지
тиийэ : Москваҕа тиийэ 모스크바까지

## ❹ 방향

диэкинэн : арҕаа диэкинэн 서쪽으로
устун : ойуур устун 숲을 따라
устунан : хонуу устунан 개간지를 따라
хоту : эниэ хоту 경사지를 따라

## ❺ 출발지

диэкиттэн : хоту диэкиттэн 북쪽에서부터
кини диэкиттэн 그가 있는 쪽으로부터
анныттан : былааһын анныттан 그의 권력 아래로부터

### ❻ 하부의 위치나 방향

үөһэ : куорат үөһэ 도시 위에

үрдүгэр : кырдык үрдүгэр 진실 위에

үрдүнэн : оройуон үрдүнэн 모든 지역에

### ❼ 관통

нөнүө : хос нөнүө 방을 지나

курдары : буруо курдары 연기 속을 지나

курдаттыы : таҥас курдаттыы 옷을 뚫고

курдат : туман курдат 안개 속을 지나

бүтэй : эт бүтэй 살을 뚫고서

ортотунан : дьону ортотунан 사람들 사이로

быыһынан : туманы быыһынан 안개 사이로, дьону быыһынан 사람들 사이로

### ❽ 시작

ыла : куораттан ыла 도시로부터

инньэ : бөһүөлэктэн инньэ 촌락으로부터

антах : Яутскайтан антах 야쿠츠크로부터

бэттэх : оскуолаттан бэттэх 학교에서부터

## 2. 시간적 의미

### ❶ 개략적 시간의 표현

курдук : нэдиэлэ курдук 1주일 정도

диэки : үс чаас диэки 3시 무렵

диэкинэн : киэһэ диэкинэн 저녁 무렵

устун : бу киэһэ устун 오늘 저녁 무렵

саҕана : уон чаас саҕана 10시 무렵

эргин : киэһэ эргин 저녁 무렵

кэриҥэ : чаас кэриҥэ 1시간 정도

быстыҥа : нэдиэлэ быстыҥа 1주일 정도

❷ 시간의 한계

дылы : киэһээҥҥэ дылы 저녁까지

диэри : уон чааска диэри 10시까지

❸ 행위의 시작 시간

диэкиттэн : күн ортотун диэкиттэн 정오부터

сађаттан : өбүгэлэрбит сађаттан 우리의 조상 때부터

*өбүгэ 조상, өбүгэлэр 조상들

ыла : киэһэттэн ыла 저녁때부터

бэттэх : сарсыардаттан бэттэх 아침부터

эрдэхтэн : оҕо эрдэхтэн 유년 시절부터

инниттэн : бырааһынньык инниттэн 축제 전날부터 *бырааһынньык 축제

❹ 행위의 완결 시기

иннинэ : сэрии иннинэ 전쟁 전까지

иннигэр : утуйуох иннигэр 자기 전까지 *утуй- 자다; утуйуу 잠

❺ 행위 완결 후

кэннэ : өлбүтүн кэннэ 그의 사후 *өл- 죽다, өлбүт-

инньэ : сарсыҥҥыттан инньэ 내일부터 *сарсын, сарсыҥҥы 내일

антах : эбиэттэн антах 점심 뒤에 *эбиэт 점심

кэлин : тохсунньуттан кэлин 1월 이후에 *тохсунньу 1월

утаата : кэллэђин утаата 도착한 뒤에 *кэл- 오다

кэннигэр : уруок кэннигэр 방과 후에 *бар- 가다

утаатыгар : бардађын утаатыгар 그가 떠난 뒤에

кэнниттэн : үлэ кэнниттэн 일이 끝난 뒤에

## 3. 비교 의미

다음의 후치사들은 비교, 대조, 유사, 동일한 관계를 표현한다.

курдук : уу курдук 물처럼, эн курдук 너와 닮은,
куртуйах курдук 멧닭 같이

сађа : отон сађа 딸기 같은

кэриэтэ : балык кэриэтэ 물고기 같은
дылы : аҕатыгар дылы 아버지를 닮은
тэҥэ : кини тэҥэ 그와 같이

## 4. 종결적 관계

행위 종결의 정도, 한계, 효력의 관계를 표현한다.

дылы : баҕалара ханыар дылы 완전히 만족할 때까지(욕구가 그칠 때까지)
*баҕа 바램, 욕구; баҕалар[복], ханын- 그치다, 멈추다
диэри : сылайыахпар диэри 지칠 때까지
*сылай- 지치다, сылайыы 피로
тухары : бэлэстэрэ хайдыан тухары 목청껏
*бэлэс 후두, 목청
кытары : оҕотуттан кытары 아이들까지
ыла : оҕонньоруттан ыла 노인들부터
тиийэ : биир харчытыгар тиийэ 1 원까지
*харчы 돈
бастыы : эйигиттэн бастыы 너까지 포함하여
кытта : солкотуттан кытта 비단까지
*солко 비단

## 5. 대상과의 관계

보상, 임명 등의 의미를 표현한다.

иһин : дьыала иһин 일을 위해, кандидаттар иһин 후보를 위해,
үлэ иһин 작업을 위해
иннигэр : табаарыһын иннигэр 동지를 위해
туһугар : биһиги туспутугар 우리를 위해
суотугар : колхоз суотугар 집단농장의 희생으로

## 6. 목적의 의미

иһин : оскуола иһин 학교를 위하여

иннигэр : оскуола иннигэр 학교를 위하여
туһугар : Москва туһугар 모스크바를 위하여
инниттэн : ити инниттэн 이것을 위하여

## 7. 이유의 관계

иһин : суоҕун иһин 결석 때문에
сылтаан : аттан сылтаан 말 때문에 *ат 말(馬)
быатыгар : эрэйин быатыгар 그가 불행하게도 *эрэй 고난, 고통
туһуттан : үөрэнэр туһуттан 공부 때문에
быһыытынан : сөбүн быһыытынан 옳기 때문에 *сөбүлэҥ 동의, 허락
туһугар : хойутааһын туһугар 늦어서 *хойутааһын 지각, 지체; хойутаа- 늦다

## 8. 반의적-양보적 의미

иһин : күүстээҕин иһин 자기의 노력에도 불구하고
*күүс 힘; күүстээх 힘있는, 강한
иннигэр : эдэрин иннигэр 자신의 젊음에도 불구하고 *эдэр 젊은; 젊음, 청춘
үрдүнэн : ол үрдүнэн 그것에도 불구하고

## 9. 탈격적 의미

ураты : килиэптэн ураты 빵을 제외하고 *килиэп 빵
ордук : итинтэн ордук 이것을 제외하고
атын : миигиттэн атын 나를 제외하고
чааһыттан : кинигэ чааһыттан 책으로부터
ирээтиттэн : математика ирээтиттэн 수학으로부터

## 10. 심의의 의미

생각이나 말의 대상을 가리킨다.

чааһа : ас-үөл чааһа 식료품에 관해 *ас 식사, 음식, үөл 신선한
ирээтэ : булт ирээтэ 사냥에 관해 *булт 사냥
чааһын : сэрии чааһын 전쟁에 관해 *сэрии 전쟁
ирээтин : ити ирээтин 이것에 관해
туһун : көҥүл туһун 자유에 관해 *көҥүл 자유
туһунан : эйэ туһунан 평화에 관해 *эйэ 평화
чааһынан : үлэ чааһынан 일에 관해

## 11. 일치의 의미

хоту : баай хоту 부에 따라, баҕатын хоту 소망에 따라 *баҕа 바램, 소망, 욕구
аанньа : кырдьаҕаһын аанньа 자기 나이에 맞게 *кырдьаҕас 늙은; 노인
быһыытынан : уураах быһыытынан 결정에 따라 *уураах 결정

## 12. 양적-분배적 의미

аайы : киһи аайы биэр- 모든 사람에게 각각 주다(사람 모두에게)
ахсын : кыыс ахсын 모든 처녀에게(처녀 모두에게)
баһыгар : гектарын баһыгар 헥타르 마다
ахсыгар : киһи ахсыгар 모든 사람에게(사람 모두에게)

## 13. 분배적-개별적 의미

аайыттан: оҕо аайыттан 모든 아이로부터(아이 모두로부터)
баһыттан : ынах баһыттан 모든 암소로부터(암소 전부로부터) *ынах 암소
ахсыттан : ыал ахсыттан 모든 가족으로부터(가족 모두로부터) *ыал 가족; 이웃

## 14. 공동-동반의 의미

кытары : кыыһы кытары 처녀와 함께
кытта : миигин кытта 나와 함께
сэргэ : үлэни сэргэ 일과 나란히

тэҥинэн : итини тэҥинэн 이와 나란히
тэҥэ : ону тэҥэ 이와 나란히

## 15. 단위, 양, 계산의 개략적 의미

сыһа : сүүсчэкэ сыһа 100 정도 *сүүсчэкэ 약 100, сүүс 100, сыһа 약
кэринэ : биэрэстэ кэринэ 1 베르스타 정도

## 16. 초과의 의미

тахса: уонтан тахса 10 이상 *уон 10
ордук : Михаилтан ордук 미하일 보다 더 잘, уонтан ордук 10 이상

## 17. 방법과 형상의 의미

мунунан : хараҕын мунунан 모든 눈에 *харах 눈
таһынан : күүһүн таһынан 힘 이상으로 *күүс 힘, 능력
өттүнэн : баҕа өттүнэн 소망에 의해
ортотунан : санаатын ортотунан 성의껏, 솔직하게
*санаа 생각, орто 중심, 가운데; ортотунан [후치사] 중심에
иһинэн : сиэр иһинэн 규칙에 따라
быыһынан : уутун быыһынан 꿈을 통해 *уу 꿈
быһыытынан : доҕор быһыытынан 친구로서
быһыынан : кыһыйбыт быһыынан 모욕으로 *кыһый- 긁다; 화내다, кыһыйыы 모욕

## 18. 부가, 보충의 의미

таһынан : эдэрин таһынан 자기의 젊음 외에 *эдэр 젊은; 청춘, 젊음
эбии : сүрүн үлэтигэр эбии 그의 기본적인 일 외에
*сүрүн 기본적, 주요한; 척추
үрдүнэн : күүстээҕин үрдүнэн 그가 강하다는 것 외에 *күүстээх 힘센, 강한
таһыгар : пенсиятын таһыгар 연금 이상

aahан : ону aahан 그 이상

үрдүгэр : көмөтүн үрдүгэр 도움 이상으로

## 19. 제한의 의미

чааhыгар : үлэ чааhыгар 일과 관련하여

ирээтигэр : балык ирээтигэр 생선에 관하여

өттүнэн : научнай өттүнэн 학문에 관하여

## 20. 기타

оннугар : 대체의 관계를 표현

кини оннугар 그를 대신하여, директор оннугар 소장 대신

көрсө : 전념, 일치의 관계를 표현

caahы көрсө 봄을 맞이하여 *caac 봄; 봄에

утары : 반대, 대립의 의미를 표현

сэриини утары 전쟁에 반대하여

# 14 보조사

# 14. 보조사

## 특성

보조사는 야쿠트어뿐만 아니라 알타이 어족에 공통적으로 나타나는 특수한 기능의 품사이다. 이것은 동사적, 명사적 기능을 갖는 것으로 한국어에서도 똑같은 기능을 찾아볼 수 있다.

조동사는 의미에 따라 다음과 같이 분류된다.

1) 조어적 조동사
2) 연계사
3) 상 형성 조동사
4) 기능적 양상 조동사

## 조동사

### 1. 조동사 의미의 구분

❶ 의성동사 또는 부사와 부동사 또는 명사로부터 분석적 동사의 어간을 형성한다.

күп *гын-* 탁 소리를 내다 *күп [의성어] 탁!
тосту *бар-* 깨지다 *тосту 깨고서
өй *был-* 생각에 도달하다 *өй 지혜

❷ 명사와 함께 연계사로서 합성술어를 형성한다.

Учуутал *буолбут*. 그는 선생님이 되었다.

Тымныы *этэ*. 추웠다. *тымныы 추위; 추운

❸ 상의 의미를 보여준다.

бара *түс-* 약간 가다 *түс- 떨어지다, 가다

бара *тур-* 계속 가다(가기를 계속하다)

ситэн *ыл-* 빨리 추격하다 *сит- 추격하다

❺ 동사에 양상태의 기능을 추가한다.

Кыайа *сыста*. 그가 이길 뻔하였다.

*кыай- 할 수 있다, 이기다, сыс- [조동사] 겨우 ~한(-а/-ыы 부동사와 함께)

Билиэхпин *баҕарабын*. 나는 알고 싶다. *баҕар- 원하다, 싶다, 바라다

Үлэлээтэххэ *табыллар*. 일해야만 한다.

*үлэлээ- 일하다, табылаа- 유지하다, 지탱하다, 쥐고 있다

## 2. 조동사의 예

❶ 가장 많이 쓰이는 조동사로는 буол- '~이다', гын- '하다' 등이 있다.

❷ 많이 쓰이는 조동사로는 бар- '가다', тур- '서 있다', хаал- '남다, 머물다', ис- '걸어가다', сатан- '성공하다', баҕар- '원하다' 등을 들 수 있다.

❸ 삽입적으로만 쓰이는 조동사에는 баттаа- '누르다', саай- '박다' 등이 있다.

❹ 조동사의 기능으로만 활용되는 순수조동사로는 эр-, сыс-, э- 등이 있다. '겨우 ~할 뻔'이라는 의미를 가진 сыс-는 양상적 기능으로만 쓰인다. 반면에 этэ-는 불완전동사 э- '~이다'에서 파생되어 굳어진 형태로서 소사로 활용된다.

## 3. 그 밖의 조동사

❶ 그 밖의 조동사들 모두 일상적, 보조적 기능을 가진다.

이 동사들은 명사 술어부에서 시제와 같은 표층적 자질을 가진다.

Булчут этэ. 그는 사냥꾼이었다.

❷ 동사 гын- '하다', диэ '말하다', буол '이다'는 의성어와 비유적 어휘와 한 어구가 되어 조어적 기능을 한다.

лүҥ *гын-* 둔탁한 소리를 내다

ньаҥ *диэ-* 투덜거리다

ньуу-ньаа *буол-* 알 수 없는 말을 지껄이다

❸ 양상동사들 중에는 형동사 격 형태와 함께 조동사적 의미를 가지는 것들이 있다.

барыахпын *баҕарабын* 나는 가고 싶다.

бардахха *табыллар* 가야 한다(필요하다).

барарга *тиийиллэр* 가지 않으면 안 된다.

*тиий- 1.도달하다 2.[조동사] -рга형 동사와 결합하여 '강제성'을 의미

❹ 일련의 조동사들의 조동사 기능을 선별하는 기준은 앞 성분과 의미적 결합을 하는 어휘화 특성에 있다.

예를 들어, санааҕа түс- '슬퍼하다', эт тут- '뚱뚱해지다, 살이 찌다'와 같은 동사들에서 түс-와 тут-는 의미 통합과 전이에 의해 분리될 수 없는 새로운 의미의 동사가 형성된다.

санааҕа түс- : '생각 + 떨어지다' ⇒ '슬퍼하다'

эт тут- : '고기 + 쥐다' ⇒ '뚱뚱해지다, 살이 찌다'

## 4. 애매모호한 의미

상적 형태를 가진 일부 동사들은 일상적 의미와 조동사적 의미를 구분하기가 어려운 경우가 있다.

аһаан бар- : ① 먹고서 떠나다 , 즉 부동사 + 본동사

② 먹기 시작하다, 즉 본동사 + 조동사

Аанчык аргыый туран кэллэ.

① 안측은 조용히 일어났다. (본동사 + 조동사)

② 안측은 조용히 일어나서 왔다. (부동사 + 본동사)

형태적 지표에 따라 많은 조동사들은 보통 동사들과 구분되지 않는다. 이 동사들은 문법화 과정에서 조어 접미사와 어형 변화 접미사들을 가질 수 있다. 이런 측면에서 활발한 것은 조어적 동사와 연계사이다. 상 형성 조동사와 양상적 조동사들에는 약간의 제한이 있다.

다음의 예들은 태 접미사를 갖지 않는다. 반면에 태 형성소를 복합어의 첫 번째 성분이 갖게 된다.

Көрүнэ түс '조금 살펴 보아라'

Көрдөрө түс '조금 보여 주어라'

Көрсүстэххэ сатанар '그와 만나야만 한다'

Көрдөрөдөххө сатанар '보여 주어야만 한다'

기능적 양상동사들은 **인칭**과 **수**에서 앞 성분과 일치해야 한다.

Барыахпын баҕарабын '나는 가고 싶다'

Барыаххын баҕараҕын '너는 가고 싶다'

Барыахтарын баҕараллар '그들은 가고 싶다'

구조적으로 조동사들은 단순어휘들이다. 그러나 복합어 киирэн бар- 같은 것은 예외적인 경우로 **시작상**을 표현하는 복합 조동사로 간주된다.

*киир- 들어가다; 시작하다, 착수하다, бар- 가다

## 5. 통사적 자질의 차이

❶ 조동사들은 문법적으로 독립적으로 이용되지 못하며, 문장 성분이 될 수 없다. 억양과 의미 구조에서 앞의 동사를 본동사로 하는 하나의 어구를 형성하며, 이것들 사이에는 소사 **эрэ** '겨우', **ахан** '강조'의 의미, **аҕай** '단지', **да** '그리고'와 같은 단어들만 삽입될 수 있다.

Тас эрэ гынна '갈라지기만 했다'
Бардахха аҕай сатанар '떠나야만 한다'
Үлэлиир да этэ '그가 일하듯이

❷ 조어적 조동사의 활용

[1] 비유적 의성어와 결합하여 새로운 동사를 만든다.
ньоҥ диэ- 투덜거리다
бурал гын- 여기저기로 날아가다

[2] 부동사 또는 부동사 파생 부사와 결합하여 새로운 동사를 만든다.
кэлэн түс- 쓰러지다
эмти бар- 깨어지다, 찢어지다
эмти тут- 깨다, 찢다
эмти оҕус- 조각내다

[3] 기본격, 대격, 여격, 시발격 명사와 결합하여 새로운 동사를 만든다.
өй ыл- 어느 생각, 결론에 도달하다
көрү тут- 산보하다 *көр- 보다
олоххо киллэр- 뿌리내리다 *олох- 자리, 장소, 인생
өйтөн аах- 암송하다 *өй- 지혜, 기억

[4] 술어적 조동사(연계사)가 명사와 결합하여 술어를 형성한다.
булчут буол 사냥꾼이 되다
булчут этэ 사냥꾼이었다
булчут эрдэхпинэ 내가 사냥꾼이었을 때 *эрдий- 용감하게 행동하다

[5] 상 형성 조동사:

(1) 연결 부동사와 결합한다.
сүүрэ тур- 달리기를 계속하다 *сүүр- 뛰다, 달리다
этэн биэр- 남몰래 이야기하다 *эт- 말하다, биэр- 주다

(2) 과거시제 형동사 도구격과 결합한다.
хаампытынан бар- 곧 행진을 시작하다 *хаамп- 걸어가다

6 기능적 양상동사:

(1) 미래시제 형동사 대격과 결합한다.

үөрэниэхпин саныыбын 나는 공부할 생각이다

(2) -тах 형동사 여격과 결합한다.

үөрэннэххэ сатанар 배워야만 한다

(3) 제2형 조건법과 결합한다.

бардахпына табыллар 나는 가지 않으면 안 된다

## 보조명사

### 1. 특성

보조명사는 독립적 의미를 갖지 않으며, **여격, 시발격, 도구격** 형태를 취하여 공간적 관계를 표현한다.

보조명사로는 илин '앞', кэлин '뒤', алын '밑', үрүт '위', ис '안', тас '겉', атта '근처', бас '머리, 끝', ойоҕос '옆, 측면' 등이 있다.

### 2. 어휘 자질에 따른 보조명사 분류

❶ 위나 상부 의미: үрдэ, үөһээтэ, кырса, оройо, баһа, төбөтө, иэнэ, уорҕата.

❷ 아래나 하부 의미: анна, аллараата, төрдө, түгэҕэ.

❸ 앞이나 전면 의미: иннэ, туһа, утарыта.

❹ 뒤나 후면 의미: кэннэ, кэтэҕэ, унуора, анараата, антаҕа, улаҕата, арҕаата.

❺ 옆이나 측면 의미: ойоҕоһо, отто, кытыыта, саҕата, чанчыга, эҥэрэ.

❻ 대상 근처의 장소 의미: атта, таһа, ыксата, бэтэрээтэ, тулата, чугаһа, бэттэҕэ, айаҕа, аана.

❼ 대상의 끝과 먼 지점의 의미: уһуга, баһа, атаҕа.

❽ 내부, 중심, 사이의 의미: иһэ, ортото, быыһа, арда, үөһэ.

## 3. 보조명사의 실명사적 기능과 보조적 기능의 구별 기준

예문 1: Биир киһи *теплоход иннигэр* мустан турар дьоҥҥо кэпсиир.
한 사람이 *기선 선수에* 모여 있는 사람들에게 얘기하고 있다.
*мус- 모으다; мустан турар 모여있는

예문 2: Ити кэмҥэ *теплоход иннигэр* моторкалар көһүннүлэр.
그때 *기선 앞에* 모터보트들이 나타났다.
*көһүн- 보이게 되다, 나타나다

위 두 문장에서 теплоход иннэ '기선 앞'의 의미는 문맥에 따라 구분된다. 예문 1에서는 구체적 대상, 즉 선수(뱃머리)를 가리키며, 예문 2에서는 기선 앞의 공간, 구체적이지 않은 어휘적 의미를 나타낸다.

위 예문은 실명사적 기능과 보조적 기능을 구분하는 기준을 예시해 준다. 즉, 보조명사가 구체적 대상의 일정 부분을 지칭하면, 이것은 모든 격 형태에서 명사가 되며, 문법화 과정을 겪지 않는다. 예문 1의 иннигэр는 **실명사**의 기능을 하고 있다. 반면에 보조명사가 공간 속에서 구체적 대상의 한 측면을 지칭하면, 이것은 모든 공간적 격 형태에서 문장 성분 사이의 구체적-공간적 관계를 표현하여 의미적으로 무인칭화된 보조명사가 된다. 예문 2의 иннигэр는 **후치사**처럼 보조적 기능을 하고 있다.

# 보조명사의 실례

## 1. анна (밑, алын)의 문법화된 이용

❶ 처소격 анныгар

(a) '옆에, 근처에':

Роман Иван Петровичтыын трибуна саамай *анныгар* олордулар.

로만은 이반 페트로비치와 자신의 관람석 옆에 앉아 있었다.

Оччоҕо биһиги Москва *анныгар* олорбуппут.

그때 우리들은 모스크바 근처에 살고 있었다.

(b) '밑에', '아래'

Уол остуол *анныгар* тутан олорон манныгы аахта.

사내아이는 책상 밑에서 (편지를) 쥐고서 그와 같이 읽었다.

*маннык 그런; манныгы 그와 같이

Остуол *анныгар* бурдук тохтубута туртайа сытар.

책상 밑에 밀가루가 흩어져서 하얗다.

*туртай- 하얗다, бурдук 밀가루, тох 뿌리다, 쏟다

❷ 시발격 анныттан

Анараа хоско орон *анныттан* биир чымыдааны ылла.

저쪽 방(에서) 침대 밑에서 트렁크 하나를 (그녀가) 가져갔다.

*хос 방, орон 침대, анараа 저쪽

❸ 도구격 анынан

Уу *аннынан* муоста тутуллубут.

물 아래 다리가 세워졌다.

Суруктаах сыыры *аннынан* күнҥэ сүүһүнэн поезтар сылдьаллар.

비명이 있는 절벽 아래로 하루에 수백 대의 기차가 지나간다.

*Үсурук 글; Үсуруктаах 글이 있는, сыыры 절벽

## 동사 бар-의 특수 용법

### 1. –ан 부동사와 함께

동사 бар-는 **-ан 부동사**와 결합하여 행위 시작을 의미하는 조동사가 된다.

| | |
|---|---|
| сытан бар= | 누우려고 하다 |
| олорон бар= | 앉으려고 하다 |
| үлэлээн бар= | 일하려고 하다 |
| ытаан бар= | 울려고 하다 |
| ааҕан бар= | 읽으려고 하다 |
| киэһэрэн барда= | 어두워지고 있다 |

### 2. –быт 형동사 도구격과 함께

**-быт 형동사** 도구격과 결합하여 행위가 신속하게 시작한다는 것을 나타낸다.

Аhаабытынан барда. 그는 곧 먹기 시작하였다.

Хаампытынан барда. 그는 곧 걸어 나아갔다.

### 3. 부사와 함께

동사 бар-는 부사와 결합하여 행위의 급박성을 나타낸다.

| | |
|---|---|
| тиэрэ бар- | 뒤로 나자빠지다 |
| умса бар- | 앞으로 넘어지다 |
| быhа бар- | 깨지다 |

### 4. 시간 의미의 접속사 기능

동사 бар-는 -ан 부동사의 형태를 취하여 '~후에'라는 시간을 나타내는 접속사로 기능한다.

| | |
|---|---|
| Баран *баран*, кэлэ илик | 그가 떠난 후에 더 이상 오지 않았다. |
| Этэн *баран*, өйдөөтүм | 나는 말한 후에 기억났다. |

# 부록 • 일상 회화

## 1. 만남

- Биhиэхэ ыалдьыттар кэллилэр.(손님 환영인사)
  [bihieɋe ɨalʒɨttar kelliler]
  우리에게 손님들이 오셨습니다 (биhиги 우리, ыалдьыт 손님)
- Киириҥ! 들어오세요!
  [kiiriŋ]
- Дорооболоруҥ! 안녕하세요!
  [doroobolоruŋ]
- Олоруҥ! 앉으세요!
  [oloruŋ]
- Баhаалыста! 환영합니다!
- Соҥҥутун устуҥ. 옷을 벗으세요.
  [soŋŋutun ustuŋ]

- Үтүө сарсыарданан! 좋은 아침!
  [ütüö sarsɨardanan]
- Үтүө күнүнэн! 좋은 하루!
  [ütüö kününen}
- Үтүө киэhэнэн! 좋은 저녁!
  [ütüö kiehenen]

- Эйигин көрөрбүттэн үөрэбин! 당신을 만나 반갑습니다!
  [ejgin körörbütten üörebin]
- Эн доруобуйаҥ хайдаҕый? 당신의 건강이 어떻습니까?
  [en doruobujaŋ ɋajdaɣɨj]
- Хайдах олороҕут? 어떻게 지내세요?
  [ɋajdaɋ oloroɣut]

- Баһыыба, үчүгэй. 감사합니다. 좋아요.
  [bahɨɨba üčügej]
- Үчүгэйдик. 좋아요.
  [üčügejdik]
- Туох сонун баарый? 뭐 새로운 게 있습니까?
  [tuoq sonun baarɨj]
- Сoччолоох суох. 특별한 건 없습니다.
  [soččolooq suoq]

## 2. 인사

- Билсиһэрбин көнүллээ! 알고 지냅시다!
- Мин ... 저는 ...
  Дуоһунаһым... 제 직업은 ...
- Бэйэҥ хайа  диэкигиний? 당신은 어디서 오셨습니까?
- Мин Саха сириттэн(Якутскайтан). 저는 사하 나라(야쿠츠크)에서 왔어요.
  Мин Сеултан. 저는 서울에서 왔어요.

- Билсэн кэбис - бу мин кэргэттэрим. 인사하세요. 여긴 제 가족입니다.
- Кэргэним ... 제 아내 ...
- Уолум ...  제 아들 ...
- Кыыһым ... 제 딸 ...

- Аатыҥ кимий? 당신의 이름은 무엇입니까?
- Сааһыҥ хаһый? 당신의 나이는 몇입니까?

- Ыалдьыт буолуҥ! 놀러 오세요! (손님이 되세요)

- Эһиги хаһан кэллигит? 당신은 언제 오셨습니까?
- Бу сарсыарда. 오늘 아침에.
- Үүттээх чэйи биэрэбин дуу? 밀크티를 드릴까요?
- Суох, уута ордук. 아니요, 물이 더 좋아요.

- Көрсүөххэ диэри! 안녕히 가세요!

## 3. 축하

- Ис дууһабыттан эҕэрдэлиибин! 진심으로 축하합니다!

- Ситиһиини, дьолу баҕарабын! 당신의 성공과 행복을 빕니다.
- Эйигин бырааһынньыгынан эҕэрдэлиибин. 당신의 축일을 축하합니다.
- Саҥа дьылынан! 새해 축하합니다.
- Төрөөбүт күнҥүнэн! 생일 축하합니다.
- Доруобай буолуҥ, дьоллоох буолуҥ! 건강하고, 행복하기 바랍니다.
- Бырааһынньыгынан! 축하합니다.

## 4. 청원

- Эн тугу баҕараҕын? 당신은 무엇을 원합니까?
- Мин маҕаһыынҥа(театрга, киинэҕэ, баһарга, паркаҕа, стадионҥа) барыахпын баҕарабын.
  나는 가게(극장, 영화관, 시장, 공원, 운동장)에 가기를 원합니다.

## 5. 감사

- Баһыыба! 감사합니다.
- Улахан баһыыба! 매우 감사합니다.
- Эйиэхэ махтанабын! 당신에게 감사합니다.
- Эйиэхэ көмөҥ иһин махтанабын! 당신의 도움에 대해 감사합니다.
- Эйиэхэ эрдэттэн махтанабын! 당신에게 미리 감사드립니다.
- Мин эн үтүөҕүн умнуом суоҕа. 저는 당신의 호의를 잊지 않겠습니다.
- Ис сүрэхпиттэн көмөҥ(күндүлээбитиҥ) иһин махтанабын!
  진심으로 도움(대접)에 대해 감사합니다.
- Бэлэриҥ иһин махтал! 선물에 대해 감사합니다.
- Истиҥник көрсүбүккүт иһин ис сүрэхтэн махтанабын!
  환대(따뜻한 접대)에 대해 진심으로 감사합니다.
- Тугун үчүгэйэй! 참 기쁩니다.
- Ити иһин эйиэхэ махтал! 이에 대해 당신에게 감사합니다.

- Сүбэҥ(көмөҥ) иһин баһыыба! 충고(도움)에 대해 감사합니다.

## 6. 사과

- Баһаалыста, бырастыы гын! 미안합니다.
- Бырастыы гын, мин сыыстым. 미안합니다, 내가 실수했습니다.
- Олус хомолтолоох. 매우 유감입니다.

## 7. 가족

- Кэргэттэриҥ элбэхтэр дуо? 당신의 가족은 대가족입니까?
- Хаһыаҕытый? 몇 명입니까?
- Биһиги бэһиэбит. 우리는 다섯입니다.
- Эн кэргэннээххин дуо? 당신은 결혼했습니까(배우자가 있습니까)?
- Кэргэнэ суохпун. 결혼하지 않았습니다(배우자가 없습니다)
- Эн оҕолордооххун дуо? 당신은 애들이 있습니까?
- Хас оҕонуй? 애들의 몇입니까?
- Биир(икки, үс) оҕолоохпун. 하나(둘, 셋) 있습니다.
- Мин оҕом суох. 나는 애가 없습니다.

- Уолуҥ(кыыхыҥ) сааһа хаһый? 아들(딸)이 몇 살입니까?
- Оҕолоруҥ улахаттар дуо? 애들이 큽니까?
- Суох, кыралар. 아니요, 어립니다.
- Ээ, улахаттар. 예, 큽니다.
- Оҕолоруҥ үлэлииллэр дуу, үөрэнэллэр дуу?
  애들이 직장에 다닙니까? 학교에 다닙니까?
- Үлэлииллэр. 직장에 다닙니다.
- Үөрэнэллэр. 학교에 다닙니다.

- Оҕолоруҥ ааттара кимий? 애들 이름이 무업니까?

- Төрөппүттэриҥ бааллар дуо? 부모님이 계십니까?
- Бааллар. 예, 계십니다.

Тыаҕа олороллор. 시골에서 사십니다.
- Мин төрөппүттэрим кырдьаҕастар. 저의 부모님은 연로하십니다.
- Улахан убайым... 저의 큰형은...
- Орто убайым... 저의 중간 형은...
- Кыра убайым... 저의 동생은 ...

- Аҕаҥ(ийэҥ) сааһа хаамый? 아버지(어머니)는 몇 살입니까?
- Аҕам оскуолаҕа үлэлиир. 아버지는 학교에서 일하십니다.
- Ийэм оскуолаҕа үлэлиир. 어머니는 학교에서 일하십니다.
- Бэйэҥ ханна үлэлиигиний? (당신) 자신은 어디서 일하고 있습니까?
- Оскуолаҕа үлэлиибин. 학교에서 일하고 있습니다.

- Мин булчуппун. 나는 사냥꾼입니다.
- Мин рабочайбын. 나는 노동자입니다.

- Ханна олороҕут? (당신은) 어디서 살고 있습니까?
- Мин дэриэбинэҕэ(куоракка) олоробун. 나는 시골(도시)에서 삽니다.
- Бэйэҥ квартиралааххын(дьиэлээххин, хостоооххун)?
(당신은) 자신의 아파트(집, 방)를 가지고 있습니까?
- Квартиралаахпын. 예, 아파트가 있습니다.
- Төрөппүттэрбин кытта олоробун. 부모님과 함께 살고 있습니다.

- Дьиэҕит хас хостооҕуй. 집에 방이 몇 개 있습니까?
- Дьиэҕит түөрт хостоох. 집에 방이 4 개 있습니다.

## 8. 친구

- Уруккуттан доҕор - эрэллээх доҕор. 오래된 친구가 믿을 수 있는 친구다.
- Кини чугас доҕор буолуоҕа. 그는 가까운 친구가 될 거다.
- Хайдах доҕорго баҕараҕын? (당신은) 어떤 친구를 원합니까?
  - Өйдөөх. 똑똑한 (친구)
  - Тактичнай. 꾀가 많은 (친구)
  - Культурнай. 교양있는 (친구)
  - Элбэҕи билэр. 지식이 많은 (친구) [많이 알고 있는 (친구)]

- Элбэҕи аахпыт. 많이 읽는 (친구)
- Мин саастыылааҕым. 내 또래 (친구)

## 9. 시장

- Мин маҕаһыыҥҥа сылдьыахпын наада. 나는 가게에 가야 한다.
- Бииргэ барыах. 함께 가자.
- Бородуукта маҕаһыыныгар киириэх. 식료품 가게에 들르자.
- Эн тугу атыылаһыахтааххыный? 당신은 무엇을 사야 합니까?
- Эт(арыы, килиэп, халбаһы, туус) атыылаһабын.
  고기(버터, 빵, 소시지, 소금)를 살 겁니다.
- Эн тугу атыылаһаҕын? 당신은 무엇을 살 겁니까?
- Мин балык ылыам. 나는 생선을 살 겁니다.

- Ити төһө сыаналааҕый? 이것은 얼마입니까?

- Ханнык килиэби биэрэбиний? 어떤 빵을 드릴까요?
- Хараны(үрүҥү) атыылаһыам. 흑빵(흰 빵)을 살게요.

## 10. 자연

- Олус да кэрэ! 아주 아름답다!
- Лена остуолбалара хайдахтаах сүдүлэрий! 렌스키 스톨비는 대단한 장관입니다!
- Манна тыынарга да чэпчэки. 여기서는 숨쉬기도 편합니다.
- Улахан да өрүс! 강이 참 큽니다!
- Элбэх да уулаах. 물도 많습니다.
- Элбэх да отон уонна тэллэй үүнэр эбит! 딸기와 버섯도 참 많습니다!
- Эһиги тайҕаҕытыгар кыыл элбэх дуо? 당신네 타이가에는 짐승이 많습니까?
- Олбус элбэх. 무척 많습니다.
- Эһиги өрүстэргтигэр ханнык балыктар үөскүүллэрий?
  당신네 강들에는 어떤 물고기들이 삽니까?
- Саамай үчүгэйэ - туута ччах, чыыр, уомул. 가장 좋은 건 넬마, 치르, 오물입니다.

## 11. 시간

- Хас чааһый? 몇 시입니까?
- Үс/түөрт/биэс/уон чаас. 3/4/5/10 시
- Отут мүнүүтэ. 30분
- Балтараа чаас. 1시 반
- Биир чаас буолуо уон мүнүүтэ баар. 1시 10분 전
- Киэһэ сэттэҕэ барабыт... 저녁 7시에 (우리는) 간다
- Мин хаска кэлэбин? 나는 언제 가지?
- Биэс мүнүүтэ иннинэ. 5분 전
- Бүгүн ханнык чыыһыланый? 오늘 며칠입니까?
- Нэдиэлэ хаһыс күнэй? 무슨 요일입니까?
- Ити хаһан этэй? 이건 언제였습니까?
- Быйыл 금년에
- Былырыын 작년에
- Эрдэ 일찍
- Хойут 늦게
- Иннинэ 전에
- Хойутуу соҕус 나중에
- Саас(сайын, күһүн, кыһын) кэлиэм. 봄(여름, 가을, 겨울)에 (나는) 올 거다
- Сарсыарда(күнүс, киэһэ, түүн) 아침(낮, 저녁, 밤)에

## 12. 날씨

- Бүгүн күн хайдаҕый? 오늘 날씨 어떻습니까?
- Халлаан бүгүн ыраас. 하늘이 오늘 맑다.
- Күн бүгүн былыттаах. 날씨가 오늘 흐리다.
- Хаар(ардах) түһэр. 눈(비)이 온다
- Халлаан тымныы(сылаас, куйаас). 날씨가 춥다(따뜻하다, 덥다)
- Тыаллаах дуо? 바람이 붑니까?
- Бүгүн тыала суох. 오늘은 바람이 없다.
- Күүстээх(мөлтөх) тыал үрэр. 강한(약한) 바람이 분다.
- Тыал хантан үрэр? 바람이 어디서 불어옵니까?
- Күн-дьыл сводкатын иһиттиҥ дуо? (당신은) 날씨 예보를 들었습니까?

- Сарсын халлаан хайдах буолуой? 내일 날씨가 어떻겠습니까?
- Сылаас буолла. 따뜻해졌다
- Тымныы буолла. 추워졌다
- Бүгүн температура хайдаҕый? 오늘 기온이 어떻습니까?
- Бүгүн сүүрбэ кыраадыс итии(тымныы). 오늘 영상(영하) 20도입니다.
- Ардах ааста. 비가 내렸다.
- Халлаан ырааһырда. 하늘이 개였다.
- Хаар тохтоото. 눈이 그쳤다.
- Хаар(ардах, буурҕа) баттаата. 눈(비, 폭풍우)를 만났다.
- Былыттаах күн. 흐린 날씨.
- Сарсын итии(тымныы) буолуо. 아침은 따뜻할 것이다(추울 것이다).
- Бэҕэһээ олус үчүгэй күн этэ. 어제는 아주 좋은 날씨였다.

## 13. 작별

- Эн хаһан бараҕын? 당신은 언제 떠납니까?
- Мин бүгүн барабын. 나는 오늘 떠납니다.
- Биһиги сарсын(өйүүн, икки хонугунан) барабыт.
  우리는 내일(모레, 이틀 뒤) 떠납니다.

- Мин эһиги кыраайгытын хаһан да умнуом суоҕа, айылҕаҕыт кэрэтин, норуоккут ыалдьытымсаҕын.
  나는 당신의 나라를 결코 잊지 않을 것입니다. 그 자연의 아름다움, 당신 민족의 손님 환대를.
- Сахалар олус ыалдьытым-сахтарын итэҕэйдим.
  야쿠트인들은 대단한 손님 환대 민족임을 확신했다.
- Ыалдьытымсах буолуу - норуот(киһи) культуратын көстүүтэ.
  손님접대는 민족(사람)의 문화의 징표이다.
- Дьоллоохтук айаннаан! 행복한 여행이 되기를!
- Бары үтүөнү баҕарабын! 행운을 빕니다.
- Суруйаар! 편지 쓰세요.
- Умнума! 잊지 마세요.
- Аны хаһан көрсөбүт? 다시 언제 만날까?
- Баҕар, сотору. 아마도, 곧.

- Мин эhигини умнуом суоҕа. 나는 당신을 잊지 않겠소.
- Кэргэттэргэр улахан эҕэрдэ! 가족에게 큰 안부를!
- Көрсүөххэ диэри! 다시 만날 때까지!
- Мин вокзалга диэри атаарыым. 터미널까지 배웅하겠습니다.

## 14. 건강

- Доруобуйаҥ хайдаҕый? 건강은 어떻습니까?
- Баhыыба, үчүгэй. 고맙습니다, 좋습니다.
- Доруобуйам тупсан(мөлтөөн) иhэр. 건강은 좋아지고(나빠지고) 있습니다.
- Мин күүскэ тымныйбыппын. 나는 심한 감기에 걸렸어요.
- Тумуулаатым. 코감기에 걸렸어요.
- Сөтөллөбүн. 기침을 해요.
- Түөhүм иhэ аhыйар. 가슴이 몹시 아파요.
  (* аhый- 고통받다, 슬퍼하다, түөс 가슴))
- Бүгүн тугум эрэ ыалдьар. 오늘 컨디션이 좋지 않다.
  (* эрэ 단지, ыалдьар 아프다)

# 참고문헌

Korkina, E.I. et al (ed.) 1982 Grammatika sovremennogo jakutskogo literaturnogo jazyka (현대 야쿠트어 문법), Akademija Nauk SSSR, Moskva:Nauka.

Pesterev, V. 2000 Stranicy istorii jakutii(야쿠티야 역사), Jakutsk:Bichik.

Vasil'eva, N.N. et al. 1990 Izuchajushchim jakutskij jazyk(야쿠트어를 배웁시다), Jakutsk:Jakutskoe knižnoe izdatel'stvo.

Ivanov, V.N.(ed.) 2007 Jakutija, Istoriko-kul'turnyj atlas(야쿠티아, 역사-문화 아틀라스), Moskva:Feorija.

Sleptsov, P.A.(ed.) 1972 Jakutsko-russkij slovar'(야쿠트-러시아어 사전), Moskva:Sovetskaja entsiklopedija.

D'ačkovskij, N.D.(ed.) 1987 Pogovorim po-jakutski(야쿠트어로 말합시다), Jakutsk:Jakutskoe knižnoe izdatel'stvo.

Jazyki narodov Rossijskoj Federacii i sosednix gosudarstv(러시아 연방과 변방 민족 언어), Enciklopedija. 3t. Institut jazykoznanija. Moskva:Nauka. 2005.

# 야쿠트어

초판 인쇄 2011년 2월 10일
초판 발행 2011년 2월 20일

지 은 이 ▪ 강덕수
펴 낸 이 ▪ 박 철
펴 낸 곳 ▪ 한국외국어대학교 출판부
130-791 서울시 동대문구 이문동 270
전화 (02)2173-2495~6
팩스 (02)2173-3363
홈페이지 http://press.hufs.ac.kr
전자우편 press@hufs.ac.kr
출판등록 ▪ 제6-6호(1969. 4. 30)
디자인 · 편집 ▪ (주)이환디앤비 (02)2254-4301
인쇄 · 제본 ▪ (주)동화인쇄공사 (02)719-7181

ISBN 978-89-7464-646-2 93790 정가 14,000원
ISBN 978-89-7464-650-9 (총서)

* 잘못된 책은 교환하여 드립니다.